知识让世界更简单！

湛庐文化
Cheers Publishing

BEYOND CERTAINTY
超越确定性

[英] 查尔斯·汉迪（Charles Handy）◎著 周旭华◎译

湛庐文化 Cheers Publishing

一切为了您的阅读价值

常常阅读我们图书的读者一定都记忆犹新，2008年以前出版的图书中，都放置了一篇题为“一切为了您的阅读体验”的文章，文中所谈，如今都得到了读者的广泛认同，也得到了出版业内同行的追随。

在我们2008年以后的新书以及重印书中，读者会看到这篇“一切为了您的阅读价值”；而对于我们图书的新读者，我们特别在整本书的最后几页，放置了“一切为了您的阅读体验”的精编版。今后，我们将在每年推出崭新的针对读者阅读生活的不同设计和思考。

★ 您知道自己为阅读付出的最大成本是什么吗？

★ 您是否常常在阅读过一本书籍后，才发现不是自己要看的那一本？

★ 您是否常常发现书架上很多书籍都是一时冲动买下，直到现在一字未读？

★ 您是否常常感慨书籍的价格太贵，两百多页的书，值三十多元钱吗？

阅读的最大成本

读者在选购图书的时候，往往把成本支出的焦点放在书价上，其实不然。**时间才是读者付出的最大阅读成本**。

阅读的时间成本=选择图书所花费的时间+阅读图书所花费的时间+误读图书所浪费的时间

选择合适的图书类别

目前市场上的**图书来源**可以分为**两大类五小类**：

1. 引进图书：引进图书来源于国外的出版公司，多为从其他语种翻译成中文而出版，反映国际发展现状，但与中国的实际结合较弱，这其中包括三小类：

a）教科书：这类书理论性较强，体系完整，但多为学科的基础知识，适合初入门的、需要系统了解一门学问的读者。

b）专业书：这类书理论性、专业性均较强，需要读者拥有比较深厚的专业背景，阅读的目的是加深对一门学问的理解和认识。

c）大众书：这类书理论性、专业性均不强，但普及性较强，贴近现实，实用可操作，适合一门学问的普通爱好者或实际操作者。

2. 本土图书：本土图书来源于中国的作者，反映中国的发展现状，与中国的实际结合较强，但国际视野和领先性与引进版相比较弱，这其中包括两小类，可通过封面的作者署名来辨别：

a）"著"作：这类图书大多为作者亲笔写就，请读者认真阅读"作者简介"，并上网查询、验证其真实程度，一旦发现优秀的适合自己的作者，可以在今后的阅读生活中，多加留意。系统地了解几位优秀作者的作品，是非常有益的。

b）"编著"图书：这类图书汇编了大量图书中的内容，拼凑的痕迹较明显，建议读者仔细分辨，谨慎购买。

阅读的收益

阅读图书最大的收益，来自于获取知识后，**应用于**自己的**工作和生活**，获得品质的**改善和提升**，由此，油然而生一种无限的**满足感**。

业绩的增长　　　　　　　　　　　　一张电影票

职位的晋升　　收益 ⇦ 一本书 ⇨ 花费　　一顿麦当劳

工资的晋级　　　　　　　　　　　　一次打车费

更好的生活条件　　　　　　　　　　两公斤肉

想到我的书即将在中国这片有着悠久历史和美好未来的土地上出版，我感到非常激动。回顾30年的写作生涯，我发现我的书勾勒出了我心目中西方经济商业革命的进程。我感到中国现在也正处在这样一种商业革命之中，但其速度却要比西方快得多。**在这30年里，我写书的目的已经发生了改变，从回答工作、生活和管理中的“是什么”这个问题转而思索“我们如何才能做得更好”，最近又在探讨“我们为何要这样做”。在现今的中国，这些问题想必也都是需要解答的。**

我写的第一本书出版于1976年，我给书取名为《组织的概念》(*Understanding Organizations*)。因为那时我认为（并且现在仍然认为），大多数在组织里工作的人并不理解什么是组织，或者组织是如何运转的。这样所造成的后果就使得人们工作得不开心，也没有效率，而且往往会失败。在我看来，有时候组织会成为禁锢人类灵魂的监狱。我自己在组织中工作时就经常会有这种体验。

我的第一本书成为了标准的教科书，全球销量已经达到100万册，而且在30年后的今天仍是很多大学和企业的教学用书。这就告诉我，国家可能有兴衰起落，但人们的希望、恐惧和动机却没有太大的改变，无论他们身在何处都是如此。**世界会改变，但人性不会，而我的书写的就是人与人之间的关系。**

不过组织却是会变的，这主要是由于技术的发展允许人们用不同的方式来安排工作，并且只需按一下按钮就可以跨越千山万水实现协同配合。我们不再需要把所有相关人员都集中在同一时间、同一地点来完成工作，这个显而易见的事实改变了管理者的一切。你无法直接看到你的员工并与他们面对面交谈，所以你就必须加倍努力地思考如何组织、控制他们的工作，以及如何给他们报酬。

我想，我们可能必须重新思考组织的本质。买下人们的时间然后有效地对其加以利用，这是一种明智的做法吗？如果技术的发展允许人们在远离主要组织的较小单位中完成工作，那我们何不直接购买他们生产出来的产品和提供的服务，而让他们自己去安排自己的时间呢？这样就能省去很多琐碎的监督工作，省去对下属的监视，况且他们当中的很多人还都离得很远。组织能够节省办公空间、养老金和其他福利，以及用于管理的时间。总之，我们可以把很多为我们工作的人和群体看成是供应商而非雇员，这样可能对双方都有利。

这些在现在看来是显而易见的事情，但在1980年可并非如此，因此我开始写第二本书《非理性的时代》(*The Age of Unreason*)。我想要告诉那些在组织中工作的人们，为什么他们在思考如何组织、协调、沟通工作时，可能需要进行“颠覆性”的思考，并且需要非理性的和革命性的思维。在这本书中我谈到了三叶草组织(Shamrock Organization)，这种组织由三类工作者组成：核心人员、外包人员和自雇工作者。我认为后两种工作者应该把自己看成拥有独特的顾客组合和项目组合的“组合式工作者”，所以他们并不完全依赖于某一种收入来源。

像我所有的书一样，这本书对于那个时代的欧洲和美国来说也是超前的。当时的人们还没有为独立谋生做好准备，而组织也不信任独立工作者。但是，慢慢地，世界改变了。把所有人都招进组织里来所需的费用太高。我的想法和我发明的概念逐渐流行开来。但现在我又开始担忧组织所面临的新压力了：保持全球竞争力、不断扩大的组织规模，每天 24 小时每周 7 天的工作、不断地对“人力资源”提出更多要求。这会对组织中的人，尤其是那些努力工作的核心人员，产生什么样的影响呢？他们是否会像我在《空雨衣》（*The Empty Raincoat*）一书中所说的，遇到变成“空雨衣”的危险呢？我在明尼阿波利斯市的一个雕塑公园里看到一尊雕像，那是一件无人穿着的空雨衣。那天上午，我参观了一家大型跨国公司的总部。穿行在一排又一排的桌子、一间又一间的办公室之间，我感到那里的人们正处于为了他们的角色而牺牲掉自己个性的危险之中，也许他们只是些无名的“角色扮演者”。

我觉得是时候了，我要说，组织对社会的影响令我感到担忧。我认为，我们正生活在一个黑暗的森林里，为周遭的事情感到困惑。我们好像比从前更努力地工作，并且也变得更富裕，但却比以往更不快乐。生产力是提高了，但这通常意味着是更少的人在付出更多的劳动。对于那些不再被需要的人们来说，这并不是一件值得高兴的事情；而对于那些要比以往更加努力工作的人们来说，也经常不是什么好事。人类的寿命更长了，拥有的时间也比以前更充裕了，但我们却不知道应该如何打发这些时间，特别是一旦组织不再需要我们工作时，我们就会更加不知所措。这世界太让人困惑了。

为了和更多的读者分享我的思想，现在我是两份杂志的专栏作家。我也在组织之外活动，以反思这个社会和我们在日常生活中所面临的各种问题。我正开始成为我自谓的社会哲学家。

《超越确定性》（*Beyond Certainty*）就是一本此类文章和一些其他著述的合集。我觉得整本书的篇幅可能有些过长，但那些由闪现人类思想火花的短文所汇集而成的书，对于忙碌的人们来说可能更方便。

他们可以把书放在案头或者床头，时不时地拿起来翻看。我发现，尽管我已不在教室里讲课，但骨子里我还是个教师。好的教师只管讲故事、提问题，而寻找答案则是学生们自己应该做的事情。教师只能指点方向，给出建议。

在《饥饿的灵魂》（*The Hungry Spirit*）一书中，我指出了虽已找到关于经济增长问题的部分答案，但却不确定对此能够做些什么的社会所面临的困境。在非洲，人们说渴望分为两种：渺小的和伟大的。渺小的渴望，是指渴望获取维系生命所需的东西：必需的商品和服务，以及购买这些东西所需的金钱，这些是我们每个人都需要的。而伟大的渴望，则是追寻一个问题的答案："生命的意义是什么？"所以这本书的副书名是"个人与组织的希望与追寻"。

在这本书中，我分析了资本主义能否不追求提高道德观而继续存在下去，以及市场是否也有其局限性。在个人层面上，我苦思冥想的是认同感、宗教、社区和教育方面的事情。这些问题还没有答案，只有不断产生的新问题和一些想法。**随着一个国家变得越来越富强，它就必须认真思考自己的前进方向；而对于所有衣食无忧的人来说，则必须探究人生究竟意味着什么。**

与此同时，英国政府也在担忧自己对于管理者的教育是否已经达到了可能达到的最佳水平。我受托领导一个小组来对比研究英国和其他几个国家（美国、德国、法国和日本）对管理者的教育方式的各自不同特点。研究成果报告结集成为一本很有趣的书——《经理人制造》（*Making Managers*），它的意义在于，证明了对于管理者或领导人的培养方法，各国没有一个公认的最佳方法，但都认为应该把实践经验同正规学习结合起来。在做这份研究报告的过程中，我发现过去英国的管理者所获得的管理教育是在军队服役（当时所有男性都要服义务兵役），或作为会计接受培训时得到的，这两种教育方式都不完全适合商业企业和政府组织。正是这本书促成了英国商学院的大发展。

英国广播公司（BBC）要求我在《大师论大师：汉迪解读13位管理大师》（*The Handy Guide to the Gurus of Management*）一书中总结世界顶尖管理思想家的工作和思想。只有这一次，我没有再提出我自己的想法，而是设法介绍他人的理论和思想。这是一项很有用的训练。太多的时候，我们这些作家都是师心自用，路子越走越窄，很少会停下来看一看其他人的研究方向。实际上，我一直都是一个他人思想的阐释者，我所做的只是使他们的想法更契合当今普通人的工作。

其实，在写我的自传——《思想者：查尔斯·汉迪自传》（*Myself and Other More Important Matters*）的过程中，我认识到自己后来所写的很多作品，都极大地受到我在大学时研究过的亚里士多德的影响。回首过往，我发现原来自己所学到的东西中，有那么多是来自于我在生活中所遇到的事情，而非正规的学习课程。但是要想从中学到东西，仅仅经历过这些事情还不够，还必须要对自己的经历加以思考。在我们繁忙的生活中，有太多时候根本没有思考的余裕。这将成为我下一本书的焦点。

我希望我的新读者们会喜欢我的思想、我的故事和我的感想，并且能从中受益。

BEYOND CERTAINTY 目录

第一部分　超越个人确定性

当确定的年代不再，每个人都必须自己寻找答案。我相信每件事都可能有不同的面貌，而且许多事情本来就应该有所不同。现在我们真正必须学习的功课，就是以某种新方式来看待人生。

第二部分　超越组织确定性

对过去有意义的事，如今也许令人感到荒唐，而我们无须充当历史的奴隶。在当前这个变动的世界中，我们必须面对一个问题今天的公司，究竟为何存在？我们的法规与制度，是否符合公司存在的目的，还是对公司造成了阻碍？

第三部分　超越未来确定性

这是一个美丽新世界，假如能学习以不同的角度来看待“自己的地方”，而且具有改革者所拥有的“坚强意志”，就会在那里找到自己的前途。

天边乌云

亚当·斯密（Adam Smith）这位经济学宗师，也许是所有著书立说者当中，文章最常被引用，却最少被人阅读的一位。例如，有谁知道他曾写道：

> 做生意赚钱常被说成是一种对公众有益的事，因为经济增长会刺激需求，也能让人们过着安适与进步的生活，因此，便没有任何爱国或为他人着想的人敢反对。然而，这类增长的本质，却与传统中“陶冶修炼”（cultivation）的观念相违背，它既没有特定方向，而且也会不断地自我衍生对无用之物的需求。

亚当·斯密啊！如果今天你还活着的话，可以到我们城镇的购物中心或大街小巷去走一走！你会发现橱窗里堆满的，尽是那些“用后即可丢”的垃圾商品。在这样的社会里，若要创造增长，就必须说服更多人去购买更多他们也许想要，却可能根本不需要的东西。若是没有这种刺激性的需求，就达不到足够的增长幅度，亚当·斯密所指的“安适与进步”就无法被赐予真正需要的人。不可否认，我们需要借助这种庸俗的经济活动，来让许多人有“某份工作”可做。

事实上，它所能提供的，顶多也只是“某份工作”而已。再优秀的管理者，也没有办法让堆货、装箱或卖T恤、做马克杯、制造塑胶玩具和食品加工变成有意义的工作。这些都是乏味的苦工，绝非人们所追求的体面差事，而是为了赚钱不得不做的劳役，可是只有靠钱，我们才能享受到自己期待中的富裕生活。

美丽新世界

从这些当前的怪现象中我们知道，为了得到大众现代生活的必需品，我们必须花更多金钱去购买非必需品，也必须花更多时间去生产非必需品——也就是所谓的“没有用的东西”或“生活垃圾”。更糟的是，为了生产这些东西，我们还要消耗地球资源，污染环境，弄脏城市和乡村。当初,资本主义提供市场自由选择权时,所许诺的“美丽新世界”，可不是这般景象。

我们曾经以为鱼与熊掌可以兼得；以为金钱可以买到所有事物的选择权，而科技会把它实现。比方说，假如我们不想生儿育女，借助科技便可只享受性爱欢愉，而不必承担后果；如果日后改变心意，也可借着科技之便来恢复原状。而死亡起码可以往后延缓 10 年，至于照顾老人家的责任则交给国家来负担，这样才可以保证他们不会来扰乱子女的生活。事实上，我们把一切不愿意自己做的事，都推给国家来承担。例如：德国基本法就列举了 17 项个人基本权利，除了个人有时必须纳税之外，并不需要负担任何其他的责任。总之，我们以为经济无限制的增长，可以满足我们一切的需求，而科技可以解决任何我们不想要的后果。

但这终究是不可能的梦想，理性的政策往往会导致意想不到的后果。中国实施计划生育政策的用意虽然是好的，但结果却使得这一代产生了小皇帝的现象，很多男孩被骄宠了；美国人可以在广袤的疆土上，自由选择地方居住，也可以选择与谁为邻，结果便形成了许多富人区、老人区以及贫民窟。社区观念原本是种理想，最后却常演变成自私的排他性组织，这不禁令人回想起中世纪欧洲的城邦国家，这种组织对住在里面的人及其后代很有利，对外人却很不利，因此里面的人往往在四周筑起高墙，禁止外人进入。

当身处第一世界的人们终于发现，自己必须为奢华生活付出惨痛代价，于是转而要求发展中国家不要重蹈覆辙，以免破坏人类的天空时，第三世界的人们自然会希望在做出牺牲之前，也可以先享受一下富裕的滋味。**人类掉入自己所设的陷阱中，却仍然不愿承认世上没有真正的自由选择权。**不过，当我深陷在意大利佛罗伦萨（Florence）或西班牙塞维利亚（Sevilla）的观光人潮中时，有时不禁会想，如果只有少数幸运旅客（当然也包括我自己在内）拥有旅行的选择权，那实在是件很美好的事。人人都拥有自由选择权的结果，很可能是绝大多数的人都陷入困境。

组织的空头支票

许多组织往往因为无法抗拒诱惑，而对员工做出不实承诺，比如许诺人人都可以拥有待遇良好的工作等，结果导致越来越多的人，尤其是女性，希望得到这样的工作。可是与此同时，组织也必须讲求效率，也就是必须以更少的人，来做相同多甚至更多的工作。过去25年来，欧洲经济增长了70%，工作机会却只增加了10%——显然未能满足求职者所需。从这种新的状况我们可以观察到，似乎社会越进步，组织所需要的人员就越少。

而这些组织更进一步宣称，人员是我们的资产。他们承诺提供呵护和培育员工的工作环境，似乎打算将日本的工作传统移植到西方，但事实却显示：这些资产一方面要培育，一方面也要尽量压榨。于是，凡是能够在组织内幸运得到好工作的人，会发现自己工作得越来越辛苦，工时也越来越长。他们将一生10万小时的工作总时数，由原本的50年浓缩为30年。如此算起来，每周工时便长达67个小时；于是，他们便无法有太多的时间留下来陪伴家人，或者用来做其他的事情。同时，组织也理所当然地被视为创造财富的工具，无论这里指的财富是金钱、健康、教育，还是任何类型的服务。但是如今我们更清楚地认识到一点：**那就是组织内的个人已经变成组织的工具，必须顺从组**

织的目标，个人还必须看组织脸色而被雇用或遗弃，而这样的结果并不是我们想要的。

另一项出乎意料的演变，就是“有限责任制”（limited liability）这个聪明的发明，竟然造成许多公司的“所有权人”根本就从未接近过公司，更别提与公司人员会面，或为公司规划产品与战略了。公司变成一份份财产，任由投机客买进卖出，使得金钱成为衡量一切的标准，也因此大为缩短了此类公司的经营寿命。

此外，许多事情的演变同样也是始料未及的。例如，将妇女挤出讲究效率的新组织并非出于组织的本意。随着社会风气日趋开放，情况本来应该相反，但是，要妇女一周工作 67 个小时，意味着她们必须经常在工作与儿女之间做选择。由此可知，为什么在目前大多数的富裕社会中，每名妇女平均生育子女数不到 1.5 人。小孩太多，也许是困扰中国的问题；可是小孩太少，也会产生问题。现在，我们的社会中银发老者日益增多，但供养他们的人口却日益减少，再加上科技无法在 50 年内扭转现况，我们未来的处境，将比我们父母亲那一辈差，今天许多美国人已警觉到这样的处境了。

拨云见日

如今，全面而永久的经济增长显然已是不可能的了，即使有可能，也不见得是幸福快乐的保证。过去 20 年间，英国经济增长了 40%，德国增长了 50%，日本则增长了 60%，然而，看不出德国人和日本人在这期间比以前快乐。事实上，调查之后所显示的结果恰恰相反。日本人对其他国家的生活形态羡慕不已。**也许我们很快就会停止追求“永续经济增长”这种怪念头，而留心倾听亚当·斯密所提醒的——“应当以陶冶修炼为首要目标”。**

假如我们真的这么做了，那主要还是由于受到环境压力的影响，而非出于自己的选择。可是，一个人的价值观会影响面对事件的处理方式；同样，事件的发生也会影响人的价值观；而接踵而来的事件，更会带给我们每个人许多新的选择机会。过去，我们大部分的人，似乎乐于将一生的工作时间完全卖给组织，顺着组织的想法付出似乎是理所当然的。如果我们有什么选择权的话，主要是用在如何运用组织所给予的金钱以及工作之余的时间上。因此，金钱本身以及可能用金钱买得到的事物，便自然支配了我们的价值观。钱越多，选择就越多。于是，不可避免的，这样的世界对大多数的人来说，便成了物质挂帅的世界。

这个世界也是个组织挂帅的世界。绝大多数的人都要仰赖某个组织来维持生计，以及获得地位。在那些组织里充斥着权力、权威与控制。我们也许不见得总是满意组织的一些说法，或者是它对我们的要求，但显然我们必须服从权威。不过，这一切即将改变。

世界将有巨变，变化的显著程度，与600年前的欧洲不相上下。当年，由于印刷术的发明与进步，从各种方向把欧洲推进一个新的时代。有史以来，人们第一次可能使用自己的语言，利用自己的时间，在自己的家里阅读圣经。人们不再必须上教堂，聆听拉丁文的上帝话语，以及不同的神职人员所做的种种诠释。从此，人们可以自行判断是非对错，分辨上帝与魔鬼的差别。这个改变，导致教会以及大多数的组织权威遭到瓦解。个人自由所带来的缤纷创意，在文艺复兴时代大放异彩。但是这种自由也导致了教会宗派林立，国家陷入无政府状态，而当各地的人竞相展现力量，希望掌握自己的命运时，也出现了彼此冲突、相互压制的情形。这时有些人自然会怀念起昔日的秩序与纪律，而且只要能力许可，就会想方设法恢复旧面貌。

走入通信新纪元

电视、电话，再连上电脑，构成目前令人瞩目的有线及无线世界。这些现代化的进步，可与当年印刷术的发明相比拟。摩托罗拉公司梦想有朝一日，能使每个人打从一出生起，就拥有一部个人专属号码的电话。一旦这个梦想成真，电话就属于某个人，而不再属于某个地方。这个理想乍听之下似乎意义不大，不过，这却预示将来办公室会变得不再那么必要，就如同当年教堂的境遇一样。电视已经让我们每个人都能够针对世界自行做判断，同时也使得总统、首相、女王、董事长的神秘色彩大为降低。光碟和网络更使得每个人都能接触到世上的一切知识，而削减了各地教师原本凌驾于学生之上的竞争优势，也使得教师的权威随之大为降低。

如同文艺复兴一样，这也将是个精彩的时代。对于一些能够看到机会、抓住机会的人而言，这也是个充满机会的时代；但对另一些人来说，却是充满大威胁、大恐惧的时代。未来，要凝聚组织与社会将变得更加困难。“领导力”（leadership）、“愿景”（vision）、“共同目标”

（common purpose）之类的软性词语，将取代"控制"、"权威"等较硬的词语，因为这些硬的词语不再行得通。组织必须变成一个个"社区"（community），而不是一份份"财产"（property）；组织里的人必须是"成员"（member），而不是"雇员"（employee），因为未来很少有人愿意被他人所拥有。社会将分割成许多更小的单位，但是也将针对特定目的，重新组成比原来更大的团体。联邦制（federalism）虽是本质上存在着矛盾的老主张，但却会再度盛行。

有趣的是，新信息时代的许多产品，对环境的破坏性反而变小。光碟不会消耗树木，而健康、教育、个人服务、休闲活动等新的经济增长领域所需要的原料，远比制造"东西"所需要的更环保，但却远比各种"东西"对人们的心理与身体更有帮助。

而且，这些新兴领域的公司，和过去的制造业巨人相比，规模变得比较小，对人也比较友善。将来，会有越来越多的"东西"是由"东西"制造出来的，而不是靠人力生产出来的。而且随着社会日渐老年化，越来越多的人将拥有足够的财物，进入人生的"简约期"。事实上，这些人也许对亚当·斯密所说的"陶冶修炼"的兴趣更胜过"没有用的东西"。假如"陶冶修炼"可以在市场上贩卖，那么它也会带来经济增长。

人人都是哲学家

我们或许会发现，一旦我们越来越能够选择如何运用自己的时间，原来想以最高价尽可能把自己的时间卖出去的想法就变得毫无意义了，因为除了工作以外，我们还可以利用时间来做其他的事，哪怕只是和朋友坐着聊天也好。许多人将会利用自己的时间，增进自己的技能，扩大专长领域，因为如今智慧是通往财富与权力的途径。时间与专业能力，将变成最抢手的商品，并成为每个人的财产，而不是公司的财产，进而使得目前的权力均衡状态从根本上发生变化。对于各年龄层、各类型的人士来说，教育将再度受到重视。

当然，这其中有个危险是：唯有在得天独厚的富国里，少数得天独厚的人，才真的有机会去“陶冶修炼”。我们必须接受一项事实：就是没有办法先让富人更富有，再指望他们的财富往下渗漏，而让穷人也跟着富起来；反过来却行得通，先让穷人富起来，随着穷人消费能力的增加，可以使富人更富有。然而，要展开这种循环，首先必须在穷人身上投资，提高他们的能力，提升他们的技术，再支持他们的创见。这个道理适用于整个世界，也适用于个别社会，乃至于个别组织，不过，富人在一开始时需要做短暂的牺牲。

然而，人们必须是为了自己所相信的目标与理想，而且对引领他们走向目标的人有信心，才可能心甘情愿地做出牺牲。因此，**在新的世界中，“领导力”会变得空前重要，而哲学（或对事物意义的探索）便成为驱动经济的力量**。我们每个人都要为自己的命运负起更大的责任，没有任何组织能安排我们的一生，这一趋势将迫使我们重新理清人生的优先顺序。因此，在这种环境趋势下，每个人都将变成哲学家。

本书的逻辑安排

本书中的各篇短论（essay），反映出我对人类即将要步入的世界的关怀。“essay”这个词，在英文里有尝试、测试的意思，也就是对答案进行探索。我的短论与演讲稿，正是这样的东西——瞄准真理向前出发。所以，对我来说，这些都是我其他作品的原料。有些时候原料比后来完成的书读来更有趣、更具实验性，也更具时效性。此外，由于篇幅都是控制在一口气可以看完的长度，对忙碌的人来说，也比较容易消化。

本书中的各篇短论，完成的时间都是过去的5年内，因此它们包含了这段时间问世的两本书——《非理性的时代》以及《空雨衣》的思想种子。但还有更多针对不同时空和不同对象而写的其他内容。我把自认为写得较好的短文结集成书，可以把这些淹没在档案里的东西重新挖掘出来，提供更多内容与读者分享。然而，如同许多同类文集一样，这是一本可让读者轻啜浅尝的书，不需坐下来一口气从头读到尾。

“不确定”为共同主题

所有短论的共同主题都是“不确定”。2 500年前，希腊哲学家赫拉克利特（Heraclitus）提醒他的听众，人不可能踏进相同的溪流两次——它永远变动不止，人生也是如此。在第1章“走出确定”中，我说明了自己是如何领悟到，人类的事情已不再存有任何确定性的。假如我们不想再徘徊不定，等待某位虚幻的领导人来指引我们何去何从，便需要把追寻意义的工作列为优先。

第8章“公司为何存在”，原本是一篇演讲稿，发表场合是“皇家艺术、制造与商业促进学会”（Royal Society for the Encouragement of Arts,

Manufactures and Commerce，RSA）在伦敦举办的一场集会，目的是纪念英国 20 世纪 80 年代初期的改革先峰尚克斯（Michael Shanks）。在这篇文章中我质疑：随着社会关系日益混杂，股东变得更像个持股的投资人，而不再是公司的所有人，那么传统上对公司的看法——一份由股东所共有的财产，这种观念是否仍然行得通？在这种情况下，真正能够托付公司财富前途的到底是谁？这篇文章后来促成该学会针对“明日的公司”展开重大研究工作，以理清公司在我们社会中的角色与责任。

第 9 章“平衡公司权力”登在《哈佛商业评论》上，探讨当公司尝试要满足所有的人，既求大又求小，既放眼全球又重视地方，既求专又求博之际，将要遭遇到的一些问题。取这个标题的内涵是暗示有些时候我们可以从过去的旧观念里，找到解决未来问题的新线索。联邦制的观念已经出现两千多年了，无论在政治还是商业上，我们似乎都把它给忘了，而文章中最关键的几条原则，其实主要源自于美国建国初期撰写联邦论文的几位作者。这篇短文后来荣获该期刊年度最佳文章“麦肯锡奖”（McKinsey Award）。

当初撰写第 22 章的目的，是要向美国大众介绍“组合式工作”的概念。这篇文章登在《李尔》杂志（*Lear's*）上——它是一本以新一代职业妇女为发行对象的杂志。我写这篇文章的动机，是觉得随着工作越来越零散，把工作委托给个人工作者，将是新型工作场所的重要特色。另外更重要的是，它也揭示了属于妇女的新机会。

再度检视这几篇文章后，我发现其中没有任何一句话是我后悔说出口的，而且，除了部分数字要做少许更新之外，我不想对它们做任何改变。世界仍朝着我当初所预测的方向前进，仍然充斥着不安，而变革却少得可怜。虽然我对有关未来的种种可能性仍然表示乐观，却对人类掌握未来趋势的意愿不足感到悲观。

其他的短文则取自《管理者杂志》（*Director Magazine*）——英国管理者协会（Britain's Institute of Directors）所发行的期刊。过去 5 年间，每隔两个月该刊主编罗克（Stuart Rock）及编辑就要我为读者写点东西，主题任选（该刊的发行对象是英国企业高级经理人以及董事会成员）。

我赫然发现，这些主观的作品，竟然直到今天还很有效。我很惊讶事情的变化并没有那么大。依我看来，我们（国家、企业或个人）并没有努力去影响自己的命运。这项发现令人沮丧。**即使我们什么都没做，人生仍可能是一则可以自动实现的预言。**

英国就和大多数的欧洲国家一样，背负着历史的包袱，它的历史悠久，且偶有辉煌的时期。我们看到过去漫长的历史，于是便觉得未来的路也很遥远。也许令大家意外的是，这一系列文章背后有个前提，那就是我们无须再等待未来，反而可以塑造未来，但手上剩余的时间却很有限。

不过，假如因为我们拥有辉煌的过去，而错失了未来，那才是真正令人感到悲哀的事情。

BEYOND CERTAINTY

第一部分

超越个人确定性

BEYOND CERTAINTY 第1章
走出确定

过去10年间，许多事情发生了变化。

10年前，我们自认为知道自己站在什么位置，将要前往何处，以及如何到达那里。大家都相信更多就意味着更好，而且，只要价格和品质谈得拢，似乎每样东西的供应量都在直线增长之中。

就个人来说，贪婪成了一件好事。虽然我们谈它时，用的是比较文雅的措辞——“追求成就”以及“创造个人财富”。

当时，我们也知道如何经营组织，或者自以为知道。提供各种追求卓越处方的大部头管理书籍，首度登上了畅销书排行榜，一切都昭示着那是个确定的年代。

从繁华到萧条

那真是个令人兴奋的年代。身为一个具有怀疑精神的爱尔兰人，起初我对这种夸张的信心抱着怀疑的态度。可是，听到志得意满的同仁，纷纷谈论他们在市场上的斩获，以及他们的红利暴增、房价劲扬时，我不由得宽心而自信大增，加上感觉到世界又恢复了“该赢的人赢”的合理局面，于是我就无法再怀疑下去了。因此我写了一本书叫做《组织的概念》，主张组织可以被了解，它们的行为也可以被预测。

一时之间，这股趋势似乎看不到尽头。在最辉煌的1987年夏天，我终于抗拒不了股票狂飙与房价上扬的诱惑。有一位住宅开发商跑来问我，希望以何种价格出售我在伦敦市郊的公寓。我们在10年前，曾花了1万英镑整修过这栋房子，而且一直很钟爱它，但在1987年，每样东西都有价格，即使珍爱的家也不例外。所以我就向他开出了100万英镑的高价，他被我的狮子大开口给吓呆了，但还是说：“可以。”听了他的话，我忍不住跑进厨房里告诉吃惊的家人说，我们马上就要成为百万富翁了。我和妻子一方面委托律师着手草拟合约，另一方面，则启程前往意大利，在那里庆祝25年美满的婚姻。物质成就的信心加上确定感，冲昏了我的头，于是我便在托斯卡纳（Tuscan）为妻子买了一栋别墅。有何不可？一个腰缠万贯的学者，在那种时刻，除此之外还能送什么东西给妻子?

当然，我应该早知道，宇宙间存在着一种“曲线逻辑”，没有什么事情是一成不变的。最终，曲线总会下降，但聪明的人知道曲线什么时候要逆转。然而，曾经有好几年的时间，我们全都以为自己已经找到一条可以抗拒地心引力的曲线，以为自己已经意外发现了某种捉摸不定的“万事通则”，也以为一切领域的成功都能加以复制，可以为全世界带来繁荣，进而创造和平。

10月的第一个星期四，我们从意大利返回伦敦。当晚，英国广播公司电视网在天气预报中指出，有个小规模的飓风正在法国外海的比斯凯湾酝酿。然而在那几年，就连气象预报人员也都自信满满。那位仁兄说："相信我，飓风不会来这里。"不幸的是，当天晚上，英格兰南部遭到200年来最大的暴风袭击。由于英国很少遇到飓风，所以损失相当惨重。伦敦一片漆黑——这是个坏兆头，接下来的星期一，就是所谓的"黑色星期一"，全球各地股市纷纷崩盘。

几天之内，我的百万英镑房屋交易也告吹了。在房地产商的眼中，这笔交易不再具有"钱景"。如今，我拥有一栋自己既不需要也无力负担的意大利别墅。我误以为事情已经板上钉钉，结果聪明反被聪明误，然而，这毕竟只是个人的一件小事。更严重的是，许多确定的事都开始变得不确定了。如今，到处都再度充满怀疑与不确定。

与此同时，许多大亨因贪婪而锒铛入狱——这是他们所未曾预料过的事。而且，许多叱咤一时的企业组织，一家家陷入困境。不少拥有房屋的人发现，他们需要支付的房屋贷款，已经超过一路下滑的房价，资产可能变成了负值。许多金融市场的青年才俊也愕然发现，原本如花似锦的前途急转直下，于是纷纷抛售他们的爱车，使得伦敦保时捷二手市场出现暴跌。

瞻前不顾后

过去10年是个令人迷惘的时代。

当时，我写了一本《非理性的时代》。它的中心哲学是：如今的变化显然是不连续的，一切变化不再是过去趋势的直线延伸。在变化不连续的时代，昨日的成功经验，对于解决明日的问题，并没有太大的帮助，甚至可能构成危害。整个世界，无论是就哪个层面而言，都必须进行某种程度的“再创造”。不再有确定的事，一切都要实验。诚如我的爱尔兰同乡萧伯纳所言，**未来属于“非理性”的人——向前看而不向后看的人；只确信一切都不确定，且有能力及信心进行全然不同思考的人。**我相信每件事都可能有不同的面貌——组织、工作、学校、社会皆然，而且许多事情本来就应该有所不同。而现在我们真正必须学习的功课，就是以某种新方式来看待人生。

自己来撰写剧本

我学生时代所学的东西，现在几乎都已经忘光了，除了这个饶富意义的道理：人生中的每个重大问题都已经被解决了。可是这其中有个问题是，尽管老师这么说，我还是不知道答案到底在哪里。那些答案藏在老师自己的脑子或课本里，但就是不在我这里。在当时那个确定的世界里，我们假设教育的目标是以各种方法，把各种答案由老师传送给学生。但实际上这个假设根本就难以成立，因为多年之后，当我遇到一个从未遭遇过的问题时，只能求教于专家。在那个确定的世界里，我以为自己从未碰到过新的问题，也从来不可能为自己的问题找到答案。我让自己的能力不断地萎缩，也一直欺骗自己没有潜力来解决问题。

最后我才了解，那个在学校里学到的道理，根本就是错的。**世界并不是一个哑谜，只等待偶然出现的天才来猜解，而是一大片有待填满的空间。**这份领悟改变了我的人生。我无须等待解谜，反而可以亲自跃入这片空间；我可以自由尝试自己的构想，撰写自己的剧本，创造自己的前途。我们可以对自己的生活、工作和组织环境进行预言，即使这个预言没有什么道理，但它往往会自动实现。

我知道有风险存在。我不免会犯错，甚至铸成大错；寻求忠告、听取智者之言，虽然颇有道理，但也不应该毫不质疑地照单全收。在跳下水之前，我应该测试水温，但必须切记一点，那就是无论什么水池，一旦进去之后都会觉得比想象中温暖。我必须原谅自己偶尔犯下的错误，但千万记得要发掘造成错误的原因。我很高兴读到一句话：健忘与创造力为伍。我为学疏懒，也非常健忘；很少有精力把应该阅读的专业作品读完，而且在该引用的时候，也常常想不起来。**事实上，当你觉得自己正在创造世界时，往往会比发现自己只是在复制世界更加兴奋。**

困惑的开始

假如确定的年代已经过去，那么新的思考与生活方式，必将对人生的许多部分产生关键性的影响。这种思考方式，对于我们企业、学校和政府维持领导力，以及维系为人父母之责等人生中的其他各种关系，都有举足轻重的影响。而令人好奇的是，连自然科学也不再追求绝对的确定性和可预测性，而开始探讨混沌（chaos）、创造力（creativity）和复杂（complexity）等课题。看起来，似乎在万事万物的核心，皆存在着空间与随机性。我过去如果对自然科学多下点工夫，也许会早一点领悟到这个道理。然而，要自己亲身去体会这些道理，对我们才有实质的意义。

这种看待世界的新方法,大幅改变了我的人生,因而令我兴奋不已。由于这种看待人生的新态度，给众人提供了机会，让每个人都有开创人生的可能，因此让我着实陶醉了好一阵子。然而，等我到世界各地，去向不同产业的各色组织及其领导者讲述这件事后，才发现多数人并不乐于见到“确定的年代”已宣告结束。大多数人尚未准备就绪，他们宁愿要锁链，也不要空荡的空间；宁愿要火车轨道，也不要宽阔草原,即使轨道不是通往天堂也无所谓。对许多人来说,一旦确定性消逝,世界就变成了一个令人困惑的地方。

他们不再知道该往何处去，或如何前往。以整个世界来说，一部分人富裕，并不等于保证所有的人都会跟着富裕。事实证明，市场只适合交易，并不适合建设。向来，家庭纵使像件囚衣，毕竟是件衣服，可以蔽体；工作纵然乏味，终究可以填满我们的日子。许多人想要“回归基本”，像英国前首相梅杰（John Major）就曾以此来号召团结；可是却没有人知道究竟什么才是“基本”。如今，已不再有任何确定的事物存在。

我们甚至不确定，生命本身的目的何在。如果它不只是遗传上的偶然，那会是什么？至于企业组织——是否值得我们放弃生命中最精华的部分，来让持股人发大财？假如我们生活无忧，还追求财富做什么？将来如果我的墓碑上刻着：“长眠在此的查尔斯·汉迪，一生开销庞大，并以此为荣。”那可不是我心目中的永垂不朽。人生中，一定有比消费更重要的事。不过，无论社会或个人，最后留在后世心中的，却不是如何赚钱，而是如何花钱。看看意大利文艺复兴吧！才智之士百花齐放，连好几个世纪之后的我们都深深为之感动，然而，当时却是因为罪恶的银行家大肆挥霍，才促成这一切的，人生真是令人困惑。

因此，我着手撰写了另一本书《空雨衣》，书中列出了各种困惑。这本书比前一本更加悲观，提出的问题比答案还多。这是不可避免的，因为当确定的年代不再，每个人都必须自己来寻找答案，不过我希望找答案时，能够得到他人的帮助。事实上，如果没有他人的协助，我们不只会失败，还会把其他人也拖下水。因为如今的社会，各种关系盘根错节；或者，换个比较唯物的说法，生产者需要消费者，因此最好多协助一些人也成为生产者，使他们有能力当消费者。问题总是存在；也就是说，一个有待填补的空间，往往会鼓动我们尽可能去填满它，去自我实现，但是，我们终究还是需要他人的协助，才能找到自己的人生意义。

要将这些道理转换成行动方案并非易事。必须改变许多过去根深蒂固的观念，最起码也要让这些观念与其他观念相连接。例如，胜利往往不会带来进步，妥协才会。假如妥协这个词太刺耳，就称它为平衡吧。未来，组织若想保有个人的奉献精神与创意，给予个人的自由必须超过公司乐意给予的程度，并且要在公司的控制需求与个人追求自主的压力之间，找寻有利的平衡点。我自己的人生中，曾有段时间，似乎觉得应该而且必须把全部的时间与精力都交给工作。直到有一天，我的妻子对我说："我很高兴你在工作上表现得这么好，可是我觉得，你已经变成一个最乏味的人了。"于是我改变了平衡。如今，我的成就虽不如以前，但人变得更有趣了一些。

寻找自己的出路

美国经济学家奥肯（Arthur Okun）指出，开放市场的那只"看不见的手"（the invisible hand），需要有"看不见的握手"（an invisible handshake）加以平衡，才能发挥作用，造福众人。各国政府应该注意这句话。亚当·斯密写了号称资本主义圣经的《国富论》（*The Wealth of Nations*），但在他的心目中，更重要的作品反而是《道德情操论》（*A Theory of Moral Sentiments*）。他在书中主张"同情心"（Sympathy），适度地关心他人，才是文明社会的基础。创造财富与效率的市场，需要以创造文明的同情心来加以平衡。然而，我们无法对从未见过的人产生太大的同情心，但是为了自身的舒适与安全，我们既需要联合与自己同类的人，也应该跟不同类的人多接触。富豪区与贫民区泾渭分明的结果，对所有人都不利。但是如果想要劝服富人为穷人投资，那么就必须重新设计我们的组织与城市，使得富人如果不那么做，很快也会沦为穷人。

对我来说，过去这10年是一段知性之旅，一段反映世界变化的旅程。从"确定"的世界出发，途经一个可让我发挥个人潜能，令人兴奋的"不确定"世界，再抵达如今的境界——在"我"与"他们"之间做必要的妥协，使生活的每个领域都形成"我们"。

其他人也许以前就经历过这段旅程，但是即使终点相同，每个人都还是必须各自寻找出路。我希望如此。我们必须证明自己有能力以个人的自由为基础，来建立一个公正的社会，而且这种自由不会转变成放纵，也不会变成为少数人牺牲多数人的暴政。

我感觉到我们现在正站在这条路径的顶点，底下则是一片广阔的大地，没有任何道路穿越其上。我们每个人皆可各自驾着轻便的马车，在夜间独自上路，只是吉凶难料。不太理想的做法，是找几个朋友一起跳进一部装甲车，共同来寻找未来的出路，其他人则任其自生自灭。但我如今确定，比较好的做法是修建几条大家都可以走的路，但这种做法同时也意味着，为了使所有的人最后都可以受益，我们必须放弃部分的个人收获。除此之外，除非我们更了解整个旅程究竟是怎么回事，否则恐怕我们的社会、城市或组织，都不会出现这样的好事。如今，“生命的意义”再度获得优先重视，不过，目前的一般组织喜欢称类似的构想为“愿景宣言”（vision statement）。

航越日落之处

我年轻时太过奔波忙碌，没有时间深入思考自己的目标。然而，随着年事渐长，我越来越关心较长远的事，因为我们向前眺望的距离，就恰似向后回顾的距离。因此，我把希望寄托在“年轻的老者”身上，这批人一方面还够年轻，仍然可以怀抱着满腔热血；一方面也够年长，而会关切在确定的年代结束之后，世界将会如何。我想，应该就是像我这样的人吧！不过，发掘问题的答案，往往会惹来麻烦上身，因为你必须率先实践自己所传播的道理。心智的旅程，不会把我们引向可以歇息的所在。

英国诗人丁尼生（Tennyson）有段诗把这个道理阐述得相当好。他描写奥德修斯（Odysseus）[①] 在漂泊之旅结束之后，召唤他的水手：

来吧，我的伙伴，
另寻新世界，趁时犹未晚。
开船吧！坐好，奋力向前划，
乘风破浪，朝向目标，
航越日落之处，沐浴于西方众星，
直至死亡……
如今我们气力不如往昔，
无法撼动天地，
然英雄气概依旧，
时间与命运摧残体貌，但意志坚强，
我们奋斗、寻找、探索、不屈不挠。

终其一生，奥德修斯都没有“航越日落之处”。他最后折返老家——他的王国伊萨卡（Ithaca），发现那里一团混乱。他最后决定，把最初来的地方，当做他的“新世界”，他无所逃遁。**对我们自己来说，假如能学习以不同的角度来看待“自己的地方”，而且具有改革者所拥有的“坚强意志”，也会在那里找到自己的前途。**

① 希腊古诗《奥德赛》的主角。——译者注

BEYOND CERTAINTY 第2章

提高自己的水平

我年轻时，每次带新女朋友回家，母亲总会问："她的水平（standard）如何？"这个问题往往令我恼怒，部分原因是，我的确不知道她的水平究竟如何；另外的原因则是，虽然我私下同意这也许是个关键问题，但我并不打算回答这种问题。

然而，今天，我发现自己经常针对组织提出同样的问题。我常问自己，这个地方的水平如何？和往常一样，我不很确定自己的意思，或者不确定自己正在寻找什么，不过，只要让我看到这个组织（通常在走进接待区时），便可以立刻知道答案。组织的水平与它待人的方式有关，这包括了对待为组织工作的人，以及对待他们工作的对象——客户。水平高低与活力是否充沛有关，也与人们的微笑或横眉竖目有关。

向更高水平看齐

不只如此，答案也与这个地方的目标、经理人和一般员工对工作的看法有关，而且更重要的是，与他们对什么是“够好”的概念有关。我念中学时，校长责怪我不用功，我便对他说：“我及格了，不是吗？”他说：“学校让你及格，没错，但是你没有通过自己的及格标准。”他回答的重点在于：**每个人都可以达到不同的水平，问题是我们如何去设定这个水平，又怎么知道所设定的水准够不够高。**

上个月，有位德国企业家对我说：“你们英国人住在岛上真是不幸。因为你们不肯离开自己的岛，所以不知道其他人如何生活，也不知道其他国家期待什么样的水平。最终你们的岛国劣根性会把你们毁掉。”我必须承认他的确言之有理。有多少英国经理人愿把眼界放到直接竞争对手以外，并向更高的标准看齐？往往必须等到有一天，从他们封闭的圈子以外，闯进某家标准与期望全然不同的对手，粉碎了他们的苟安与自满时，他们才会觉悟。当年，日本汽车及家电产品在市场大放异彩时，美国人才惊叫：“不公平！”其实并没有什么不公平，只不过日本人所持的标准与期望和美国人迥异罢了。

有家公司的经营者曾对我说：“请帮助我们，使我们变得更好。”他们当时甚至搞不清楚想要在哪个领域变得更好。对于这样的请求，我只能回答：“我爱莫能助。不过，你们有办法找到能帮忙的人。想想看，在你们所遇到过的各种组织中，是否有令人欣赏的地方？去找出这些组织，询问是否可以学习他们的方法——这些组织都不会是你的竞争对手。然后，再回过头来将这些方法应用在自己的事业上。”

他们真的去找，也学到了一些方法——但是却和他们预期的不同。他们没有学到任何新技法或魔术，而是发现，某些公司的预期不合格率，比他们高了100倍；有些公司的缺勤率是他们的1/10；还有的公司，新产品开发时间是他们的1/5。一言以蔽之，就是标准不同。

这种组织学习的形式，最近被称为“标杆学习”（Benchmarking），即以任何功能、任何领域（通常是迥异于自己的产业）的最佳做法，来衡量自己。而这种做法终将化为一种根深蒂固的习惯。**不能满足于“够好”，而要以“尽量最好”为目标；必须在设定自己的目标时，就把眼光放到自身以外；尽量和不同类的人交谈，借此避免自满与虚假的安适感。**

捉襟见肘的岛国心态

然而，当今岛国心态最明显的例子，并非来自英国，而是来自东欧。在那些国家中，四十多年来所采用的工作方法与习惯，在面对西方的竞争时，就显得捉襟见肘。

在他们认为自己并未犯错的时候，整个产业却面临终结，整个社区的人都被迫失业。其实，他们还有件事没做，而且往往要等到来不及时才可能去做，那就是：把视野放到自身以外，并用外面的标准来衡量自己。

不过，我也注意到，他们的生活方式，其实仍有可取之处。假如超量工作既不会获得鼓励，也得不到报酬，大多数的人就会把他们的精力放在人际关系、家庭活动以及社区生活上。假如许多事物都不需要支付金钱，金钱成为一种没有用的商品，人们就没什么理由去抢劫、卖淫或赌博，甚至没有行使暴力的动机。

关于这一点，我还是非同意不可。水平不仅与衡量效率、生产力及品质的尺度有关，也与我们做事的目的有关。观察组织的人，对黑手党一定惊叹不已，但也仅止于惊叹，却不会由衷地佩服。假如自由企业与市场被视为是腐化和剥削的特许证，那么，西方国家就是搬起石头砸了自己的脚。

除非提升工作水平，否则我们可能无法保有目前的生活水平。反过来说，机会也摆在我们眼前，因为，从爱国的角度来说，如果我们提升了工作标准，我们的生活水平将有许多可供欧洲新兴国家看齐之处，只是我们所剩的时间不多了。

BEYOND CERTAINTY 第3章

把孩子教好

最近，我得到一个难得的机会，一场针对“阿拉伯裔经理人的教育与发展”的研究会，邀请我去担任顾问。由于我对阿拉伯裔经理人所知不多，因此决定先询问其中几个顶尖人物，以了解他们曾得到过哪些帮助，又曾遭遇过哪些挫折。于是，我从50多家大型企业中，挑出了将近200位有卓越成就的经理人，并与他们逐一进行了详谈。

结果令人振奋，因为他们所说的，几乎也可以套用在任何其他文化背景的杰出经理人身上。

杰出经理人须知

我访问的这些经理人总共列举了10项影响他们的成功因素，并依重要性对其进行了排序。

排名第一的是，良好的教育。值得一提的是，在这些经理人当中，

91% 的人拥有大学文凭。他们说，在毕业 15 年或 20 年后的今天回首过去，学校研究的科目并不是最为重要的，重要的是那段经验本身给他们带来的还有启迪心智、学习思考，以及接触新的世界、新的人群的机会。而针对同级英国经理人所进行的比较研究则显示，拥有大学文凭者不到 56%（1975 年，英国高级经理人中仅有 24% 的人拥有大学文凭）。

排名第二的是，早期接触的学习对象。我们在生命早期所接触到的学习对象，通常只有自己的父母、亲戚、师长。而他们对我们的影响，远远超过我们的想象。父亲的行为，往往是预测儿子未来行为的最佳指标。有位腰缠万贯的美国经理人，曾向我叙述他的童年：

我父亲作为保险业从业者并没有取得多大的成就。可是，他每天晚上回家都会陪我下棋，他是个棋迷。对下棋来说，重要的两点在于：一、你必须预先想好未来 20~30 步各种可能的状况与选择；二、也是最重要的，你不能因为自己所犯的错误，而怪罪其他人或事。不讲牌运，不掷骰子，没有侥幸，成功或失败完全操在自己的手中。父亲教我的这些下棋道理，我直到今天才彻底体会，也深深赞赏。

排名第三的是，年少时承担责任的经验，或者如某位经理人所称的"社会大学商学院"的经验。一个人在年少时从事琐碎工作，或负担少许责任，有助于他建立自信，并培养做决定、承担后果的习惯，但有些人常等到一切都已太迟才意识到这些。英国的创业家往往出身贫寒，或者由于父母亡故，所以很早就被迫承担责任。另一份研究则显示，最成功的外派人员，多半是那些年轻时频遭挫折，最后终于熬过来的人。以此看来，让自己的子女生活太安逸，似乎是件危险的事。

排名第四的是，伦理与价值。这里指的是勤奋、正直、忠诚与诚实。多份受访样本中提到宗教对他们的深切影响。以本研究来说，他们指的是伊斯兰教。也有人指出家庭对他们的深远影响。还有人强调人生使命感——凡事皆追求卓越、讲究品质的信念。这个项目在清单上名列前茅，令我觉得既有趣又振奋，因为如果人生没有意义，一切学习或发展又有什么意思?

在他们心中，以上这些因素是他们成功的关键要素，然而，早在他们加入组织之前，这四项要素便已存在。这或许会让企业中负责培训的人员有点沮丧，但对负责招募新人的人员来说，却是一个好消息。

排名第五的是，自我发展。有一颗积极探究的心，有寻找学习或研究机会的热忱，愿将自己推上新环境，或承担犯错的风险，或在累积经验的过程中忍辱负重。一切的学习都是一种投资，为了追求未来的报酬，我们必须克服眼前时间或财力不足的窘境。然而，要一个人放弃社交生活或私人时间，确实不是一件容易的事。这些阿拉伯精英做到了，日本的精英也做到了。某个企业的日本人，曾向我出示一张图表：底部轴线代表年龄，或在公司服务的年限；纵轴代表用来自我发展（包括学习、训练或只是阅读）的时间。在这张表上，曲线显现出一种往上横向爬升的趋势——表示年龄越大，学习时间越长。他们说："显然年纪越大的人，所遭遇的问题会更大，因此学习速度较慢。"

但在英国，我怀疑曲线倾斜方向会恰巧相反。

接着出现在清单上的有训练（每个经理人每年9天）、技术知识、工作标准与回馈系统、正式的职业发展机会等。出资赞助学习的人或单位看到这些项目也列在其中，应该觉得欣慰才是。

最后一项（但是我不认为它不重要）是所谓的“解决问题的文化”。倡导这种文化的地方，尽可能不重视繁文缛节、不讲阶级；把错误当做学习的机会；同僚间彼此合作，而不是相互竞争；绩效可以得到公开而直接的奖励。当然，说来容易做时难，可是，这一切却是人们现在所称的“学习型组织”的根本要素。

我记得有位同事说，从前要这么做很难——假如他小时候就奉行这些原则，恐怕会被视为舞弊分子或低能儿童，而被逐出校门。旧习惯不易根除——组织总希望确保不犯错（但是如此一来大家都没有机会从错误中学习），大部分人通常不喜欢和别人一起来分享功劳。

罗莎贝斯·莫斯·坎特（Rosabeth Moss Kanter）教授[①] 在她探讨美国企业变革的作品《当巨人学跳舞时》（*When Giants Learn to Dance*）中，提醒我们去思考以上这些问题。她对公司领导人的最后忠告是：“培养杰出的下一代。”阿拉伯人让我相信，孕育我们未来种子的希望，多半要落在年轻人身上。我们应该在他们身上多花点时间，应该让远比

① 哈佛商学院教授，被誉为“全球最具影响力的50位商业思想家之一”，其著作《公司的王道》已由中国人民大学出版社出版。——译者注

现在更多的年轻人接受比现在更长的教育。我们应该为他们树立更好的榜样，而且，在他们进入公司后，给他们充分的机会发挥所学——即使他们偶尔会犯错。

BEYOND CERTAINTY 第4章

“概念学院”的诞生

近两年，学习突然蔚然成风。据说，假如我们想在这个变动的世界中永不落伍，便要不断地学习。假如企业要维持竞争力，就必须变成学习型组织。更重要的是，学校应该帮助我们，学习如何终身学习，并以此为人生根基，而且据说我们还应该创建一个学习型的社会。

毫无疑问，这些话的确说得很好，但是如果听不太懂或是有点迷惑，也情有可原。在英国，当学习者从来不是一件值得自豪的事。“L”牌[①]是能力不足的标志。而“学者”一词，更是往往有损人的意味。所以有人会问，为什么学习突然风行起来，那有什么意义——是意味着我们要看更多书，参加更多测验吗？还是有其他更深层的意义？

如果学习的意义，只是为了通过考试和获得资格，那不仅是一大羞耻，也是一大灾害。技术与能力的确有助于我们完成某项工作，却

① “L”为英文“learn”（学习）的首字母。英国汽车驾驶员在尚未考取正式驾照前，必须在车身后悬挂此牌——译者注。

无法为我们描述或界定工作应该是什么。我们往往一味地对他人施予严格训练，使他们能胜任过去的工作，却疏于帮助他们开创未来的工作。

多年以前，卡茨教授（Robert Katz）在《哈佛商业评论》上对经理人所应具备的各种技巧展开了介绍，其中包括技术性技巧、人际技巧以及概念性技巧。技术性技巧很容易由懂的人传授给不懂的人。上课、读书、考试、实习的内容就是这些。人际技巧比较难，只能学不能教，学习主要是通过经验，并佐以他人的忠告与自己的省思，也就是说必须有人当教练、给建议。

发展概念性技巧

概念性技巧是最难却也是最有用的，因为我们可以靠这种技巧明辨道路，界定技术性技巧所能解决的问题范围，看见机会以及无人发现的利基市场。假如一件事根本不该去做，即使把它做得再正确（运用技术性技巧与人际技巧），也没有什么好处。因此，概念性技巧正是领导者所需要的，它让我们知道需要做哪些事情，也让我们有能力把该做的事说清楚，而使他人得到鼓励。

可惜的是，卡茨教授无法提供任何线索，告诉我们发展这些技巧的关键是什么。他伤感地总结说，你不是有，就是没有。然而，我们无须如此悲观，我们可以通过比较与对照的方式（一种在专家时代特别容易被忽视的方法），进行这方面的学习。当我们看到其他人的做法时，将会大开眼界，而强迫自己理解其中的差异。18 世纪英国文学家、字典专家约翰逊博士（Samuel Johnson）说，只有站在别人的国土上，才能更清楚地认识自己的国家。组织非常容易过度深陷于自身的思考模式中，以至于不能再像他人一样看清楚自己；强势文化可能也是令人盲目的文化。今年夏天我参加了今年在英国举办的第 7 届“爱丁堡伯爵联合研习会”（Duke of Edinburgh’s Commonwealth Study Conference），这次经历令我印象深刻。

来自 32 个国家的 250 名男女青年，每 6 年聚会一次，以 15 人为一组，对企业及其他组织进行一次为期两周的参观访问。这是一种通过详细对照和比较进行的学习活动，不仅在大约 20 个组织之间相互比较，也和自己本国的类似组织做比较。青年们还要拿这些组织的观点，去对照参访团内不同国籍、不同性格人士的观点。最后，他们必须向一个由知名人士所组成的小组，解释并评论其间的差异，并且将自己的经验“概念化”。

所有的成员回到自己的国家后，将以全新的眼光来看待原来的世界。简单地说，他们可能会因为某种不寻常的学习经验，而改变自己的一生。

我们不见得要通过如此精心的筹划，或如此光彩夺目的活动，才能进行对照与比较式学习。我们每个人都可以举办自己的“迷你研习会”。日本管理协会每年为高级经理人举办 400 场海外观摩。而在伦敦商学院开设的课程当中，可以当做典范的，是要求每个学员到其他团体成员的组织中度过一天，然后说明彼此有哪些地方可以相互学习。这种方式实施起来很容易，但是，即使只要求一个人解释为什么以目前的方式做目前的工作，似乎就能产生惊人的效果，而使“概念”源源不断。

这些方法有助于挑战我们的思考模式，鼓励我们摆脱过去的包袱（无论过去曾经多么辉煌），并为自己开创新的未来。过去的模式，永远无法有效地指引我们走向新的未来，可是，如果没有概念性技巧，我们别无选择，只能继续做原来的事。因此，如今我们必须为自己的命运承担起更大的责任，并且学习做这件事所需要具备的技巧。

BEYOND CERTAINTY 第5章

如何从“真实事物”中学习

对于造访亚特兰大的游客来说，第一个想去的地方也许不会是坐落在市中心的可口可乐博物馆，但对商务人士来说，那里值得专程前往参观。这座博物馆如其名称所示，揭示了那种深入世界各地、味道奇特的棕色液体所缔造的非凡成就。

可口可乐历久不衰的原因，就我看来，可以从该公司早期所有人之一伍德夫（Robert Woodruff）所讲的一句话中寻得蛛丝马迹。我在全球各地，都听到有人在引用这句话：**“世界属于不满足的人”**。持续不断地追寻更好的事物，经常不满足于自己所拥有的一切，再加上鼓励发表反对意见，这些因素都有助于防止自满。

我听说可口可乐日本公司每两周就要生产一种新产品，并且进行市场测试。即使绝大多数的新产品最后都会被放弃，但过程本身却充满了探究精神。生活不是例行公事，过去绝非未来的

唯一模式，这是一种健康的不满足态度。除了不满足之外，也许还需要一点来自陌生人的刺激。亚特兰大总部的 5 000 名职员当中，有 1/3 以上是来自美国以外的地区。

团体思考常因无人质疑已经被接受的观念，而导致狂妄自大，但在可口可乐，由于有团体以外的人来来去去，不断提出问题与建议，所以不太可能发生上述现象。

跳脱“L 牌”社会

或许我们不应该对可口可乐公司的做法大惊小怪，因为不满足与不同文化的刺激这两项元素，正是一切学习的关键。唯有持续不断地学习，不断地反省，才能让个人或企业保持活力。然而，持续学习并不是非常典型的英国式观念。本质上，英国是一个“L 牌”社会。车子挂 L 牌的意义是：“正在学习中，驾驶人能力欠佳”，请保持距离。“学习就是承认自己不行”这种观念往往会延续一辈子。因此一般人认为学习最好悄悄进行，而且最好在人生的早期完成。

我求学时期所学的东西，现在多半已不记得了，但是那些东西的核心信息（虽然并非有意传递）却很清楚，那就是：我们被问到的每一个问题，都早已经由某个地方的某个人解答出来了，答案就在老师的课本里面，而我们的任务则是把它找出来，记在脑子里。多年以后我才了解，我们一生所遭遇的大多数问题，其实多半都是新的。

曾经有人问过我“收敛性”（Convergent）与“发散性”（Divergent）

问题的差异。“通往伦敦最短的一条路怎么走”，这个问题只有一个正确答案,这种就是收敛性问题。而至于像“为什么你要去伦敦”或者“你要去哪里”这类答案通常视特定情况而定（而且往往无所谓对错）的问题，就是发散性问题。

大多数的企业问题都属于发散性问题，这是为什么企业永远饶富趣味的原因所在。这也说明了为何我们能够从书本上或学校里预先学习的问题少之又少。我们在学校所能做的，顶多只是学习如何学习，然后等到进入工作岗位之后，再来天天操练所学到的学习方法。

然而，健康的不满足心态，以及友善的陌生人，都只不过是学习的开端。一定还要有足够的实验环境与失败空间（因为不是所有的实验都会成功）。凡是持续不断自我更新的企业，都会全力提供必要的空间与权利，而且能宽恕错误——只要某人能从错误中学到教训。我曾听过一位高级经理人大吼：“我们才不会原谅那个让巴西人把我们 1/4 净值吃掉的家伙，他竟然连犯两次错！”不过，诚如纺织品制造商戈尔（W. L. Gore）所言，错误可分为“吃水线”以上及以下两种。从吃水线以上的错误中学习最好，也最安全。

省思带来自我更新

然而，**最重要的是，学习需要省思。**学习是“在宁静中省悟到的经验”[①]。

当前，企业界太缺少宁静，所以我相信，我们对于过去哪些事行

① 英文原文是 experience understood in tranquility，引述自英国名诗人沃兹华斯的诗句。——译者注

得通，哪些事行不通，以及未来有哪些事也许行得通，也都非常不了解。芒福德（Alan Mumford）教授称有种学习为“偶发性学习”（incidental learning），意指借由生活及工作中的偶发事件来学习。这种偶发性学习必须有组织，因为它的时机不会自然出现。但是，这种个人与所属团体共同的省思（偶发性检讨）时刻，也许比任何评鉴、面谈，都更能改善绩效。

在产品、目标和方法上，不断地自我更新，似乎是面对变革威胁时的最佳回应方式，也是在不确定时代生存的最佳秘方，更是确保永续成功的最佳途径。说不定，有朝一日你或许也会像可口可乐公司一样，应某大城市之邀，建立一座属于自己产品的博物馆呢！

BEYOND CERTAINTY 第6章

人生的“8人划舟队”

有一回我走在东京市中心，看到许多行人戴着白色的口罩。当时我不免唏嘘：“全世界最富庶城市的居民，却饱受环境污染之苦。”可是当天晚上，当我向几位日本朋友提到此事时，却引来他们的哄堂大笑。他们说：“那些人不是在防止被污染，而是在避免污染他人。他们患了流行性感冒，不希望传染给别人。”

那是一种典型的日本作风——为他人着想。东京也许是个拥挤、紧张的地方，但也同样是一个和平、无须恐惧暴力的地方。此外，它还是个非常准时的地方——人人准时抵达，每班公车及火车的离站时间都分秒不差，实在令人难以置信。此外，那里也是个辛勤工作的地方。

“你又错了，”我的朋友说，“你对我们的解读有误：我们是长时间工作，而不是辛勤工作。每星期有一两个晚上，我们要和同事一起在酒吧及餐厅度过；我们必须经常参加办公室同仁聚餐——每当我们的部门有人调进或调出，都要迎来送往。我们一年有权休假三星期，但是从来没有人能把假休完，而且，很少有人在晚上七八点钟以前离开办公室。你有没有发现，这一切都是为了团队，团队无比重要。”

何必与众不同

“团队无比重要”，日本人的这种观念令我有几分敬佩。日本人忠于团队，进而忠于组织和国家。这种情形举世皆知，相关文献也非常多。同时，以不同的经济标准来看，这种精神也很富建设性。然而，伴随着这种忠诚而来的是严格要求准时、讲究一致（我注意到，每个人所戴的口罩不但式样相同，而且也都一尘不染）以及某种形式的团体专制：人人承受同僚的压力，人人必须遵奉一致的标准，人人也都缺乏私人的身心空间。我觉得这对我而言很难，因为这会迫使我失去个性，以及我与众不同的权利和义务。然而，大多数的日本人却不认为这是个问题，反而反问何必与众不同？

我儿子最近进入伦敦一所戏剧学校就读。学校共录取了 24 名新生，预计要给他们上为期三年的密集课程，一年到头都得整天上课，不得缺席。总共就这 24 个人，要共处 3 年，这实在令人震撼。在此之前，我儿子所受的教育都是强调个性与个人成就的，如今却要被迫以团队为重——每个人都必须样样精通，人人都必须和其他人配合，因为，只要出现一个坏演员，就会毁掉所有人的表现。除非每个人都是明星，否则不可能有单独的明星出现。

令我意外的是，他喜欢这一套，于是，团队占据了他的生活。他不与外面的朋友见面，把所有的时间都花在团队上，甚至抱病参加排练；他牺牲周末，以便和团队伙伴共同从事额外的工作，或重要的专业课程，而且，他不说任何伙伴的坏话。这种做法简直像极了日本人，但有人告诉我，伟大的剧团非这么搞不可，或许，一切伟大的团队皆须如此。

我曾经开玩笑地说，英国的团队就像"8 人划舟队"——8 个人朝背后划，彼此互不交谈；而掌舵的人也太渺小，看不出前进方向。我原先只觉得他们很滑稽，直到有一次，听众中有位划舟老手告诉我，他们若非不断地苦练，而且决心为彼此的共同目标全力以赴，就不会有信心背向目标划船而不互相交谈。"你正在为伟大的团队下定义。"他这样对我说，而我则面有愧色地接受了他的认可。

截取二者之长，补己之短

这些深具日本风格的 8 人划舟队或剧团的完全奉献精神，无疑可使企业受益良多。这种精神对我们的经济、客户以及身在这些团队里的人，都会有帮助。但我仍不免心存疑虑，因为我的日本朋友哀叹，他们的国家虽是世界最富有的国家之一，却缺乏强大的政治领导力量，对整个世界事务也没有什么责任感。他对此的解释是"日本迷恋于自己的进步，却忘了寻找方向。"

通常，最好的一条路，就是两面兼顾，即所谓的中庸之道：

既有严格的团体生活，也有自由的个人生活。可以采取 8

人划舟队的做法，但只是针对比赛，而非永远如此。个人可以在群体中出头，但不能一直强出头；组织可以全心全意追求某一目标，却不能出于自私的理由。

现在，日本人也许有必要略向英国模式看齐，并且思考对世界的责任。同样，英国人在组织及日常生活中，若能向日本人学习，也会取得进步；毕竟，除了唯团队是从的精神外，如果我们能更加为他人着想、更有礼貌、更注意细节，甚至更准时、更整洁，应该也都是有益无害的。

BEYOND CERTAINTY 第7章

黄金年华始于退休

你有没有想过，在全职工作或养儿育女的生涯结束，到临终这两个阶段中间，有个全新的人生阶段。剑桥大学历史学者拉斯特（Peter Laslett）率先提出“第三阶段”这个名词，以此来区别第一阶段（成长期）、第二阶段（全部时间花在家庭或职场的工作期），以及每个人都希望越短越好的第四阶段（临终）。只要留心四周，我们就会发现人口因素正在不知不觉之中扮演着变动的最大诱因。

当然，所谓的“第三阶段”早已存在。只不过因为如今这段时期延长了，而且处在这个阶段的人数大增，所以需要取个名词加以描述。现代人离开全职工作的时间越来越早，现在许多大企业平均退休年龄约为55岁，而且我们比从前的人更加长寿，也更健康。

今天，70岁的人的健康状况，可能和两代之前50岁的人差不多。不久之后，第三阶段甚至有可能从50岁开始，至少延续到75岁。

“年轻老人”市场新崛起

21世纪全球人口的1/4，也就是成人人口的1/3，将处于人生的第三阶段。他们不像第四阶段的人必须依赖他人过活；其中有许多人仍然相当富裕，大多数的人依然身体健康、精力充沛；过半数的人愿意享受独立的生活，不受家庭与工作责任的羁绊。但这类人如此之多，难免会对社会结构造成冲击。例如：

“年轻老人”市场可能会成为下一个巨大的消费市场。他们的钱也许会被用来买时间：如旅游、学习、练习新技能、发展新兴趣以及放松身心等。上街购物也许将再度成为一种社交方式，而不再只是每周的例行公事而已。为了迎合这种新兴市场的出现，零售模式必须改弦更张，企业也必须针对这种新型市场预先做出规划。

第三阶段要过得好，先决条件有三：健康、财富以及良好的教育。有些人三者兼具，但大部分的人却统统没有。这是社会所要面临的挑战，因为除非第三阶段的成年人口能够自给自足，否则将使下一代负担更重。以英国来说，如今正要进入第三阶段的这一代，被称为“富裕世代”。当年他们成长的时代，正是政府对教育、住宅、医疗补贴最多的时代，而他们现在则期望养老金丰厚、重视老人看护的时代能够早日来临，不过，他们恐怕要失望了。他们的子女也许愿意缴税援助非常老的人（第四阶段），但是若为了资助他们这个“历史的世代”改善生活形态，而要被多征税，这将会令很多人觉得不公平。**第三阶段有所谓的“四根支柱”，假如另外的三根柱子——公司养老金、个人储蓄和**

兼职，能支援第四根支柱 政府养老金，那么对每个相关的人都有好处。但假如现在大家不立刻着手计划，届时很多人将只能拥有一两根柱子。

第三阶段的人是劳力与专业能力的潜在来源。但是，美国的经验显示，人们一旦离开全职工作，就不太愿意走回头路，兼职则另当别论。毕竟，没有人喜欢自己毫无用处，所以，对经理人、专业人员、技师来说，从事所谓兼职的智慧型工作，只贡献智慧而不需要靠体力打拼或许是一个不错的选择。正如一家公司曾告诉我朋友的话："我们重视你的经验和智慧而且希望在你离职后继续借助你的专业才能。不过，你只在每周的星期二上班就可以了，只有星期二。"

对有的人来说，像特易购超市（Tesco）[①] 所提供的那种工作，就能令他们满意——有机会外出走动，增加一些收入，进行一些社交活动，又不必承担太大的责任。有的刚出校门的年轻人觉得厌烦的工作，第三阶段的人也许反而乐于将其作为工作组合的一部分。也许在这些领域中，"年轻老人"恰可弥补年轻人的不足。

事实上，"组合式工作"的概念正好可以描述第三阶段人士的工作模式——东一份差事，西一份差事；有的为钱，有的为自由，有的为客户或雇主，有的则只是为了自己。这可能是一种最有趣的生活方式，弹性很大，不会感到单调。

未雨绸缪

第三阶段的重要性已越来越大，大到令我们无法忽视。每个人都

① 特易购超市（Tesco）英国大型连锁超市。——译者注

必须视它为人生的一部分，在财务、心理、技术等方面提前做好准备。组织必须协助个人，鼓励他们及早未雨绸缪，不要拖到最后两个月才做打算。一样是离开职场，“前进”要比“出场”好得多。

政府也必须协助个人，以便他们为未来独立自主做准备，而不至于凡事必须依赖他人。政府应该充分提供教育以及训练机会；另外对有意领取津贴的退休人员进行收入调查，这是个不错的办法。此外，政府也应该鼓励个人储蓄，并强制实施预缴个人年金，或许可以要求雇主为所有的员工支付年金——包括临时工在内。

成熟且经验丰富的第三阶段国民，如果能做到独立自主、活力旺盛，大可成为社会的重要资源；反之，则可能成为社会的负担。如果我们愿意竭尽所能，让第三阶段成为所有人的机会，对我们每个人都有好处。未来处于第三阶段的人，目前多半仍在第二阶段，并且还在我们的组织内。我们应当从第二阶段时就开始觉悟，不应该再哄骗众人，以为一旦告别了办公室，工作便就此结束。我们也不应该再假装，以为莳花种草、看电视的岁月，是令人心满意足的“退休生活”。我们应该面对现实，把全职工作看成只是人生的一个阶段，高高兴兴地前进到下一个阶段——这是法国人所称的“品味生活”的阶段。我刚开始工作的那个时代，退休年金相当丰厚。因为在当年，退休之后平均只能再活 15 个月。**当年，离开大型组织后，生命即走到了尽头，但是到了今天，黄金年华始于退职，我们应该为此感到庆幸。**

BEYOND CERTAINTY

第二部分

超越组织确定性

BEYOND CERTAINTY 第8章

公司为何存在[①]

1984年，我和尚克斯约好要见面，但是他却不幸在约定日期前一周意外去世。我已记不得当时打算和尚克斯谈什么，什么事情都有可能，因为尚克斯是个“组合式工作者”。他无论是担任企业董事、政府公职，还是从事消费者运动，都很得心应手。此外，他还涉足多项商业领域，致力于使企业界更美好。他的过世，令很多人深感惋惜。

我很荣幸应邀进行第一场尚克斯纪念演讲，而我认为，有个题目显然最适合被用来纪念他。在当前这个变动的世界中，我们必须面对一个问题：“今天的公司，究竟为何存在？”我们的法规与制度，是否符合公司存在的目的，还是对公司造成了阻碍？

---

① 本篇为作者于1990年在其友人迈克尔·尚克斯的纪念演讲中的讲话。——译者注

拒绝当历史的奴隶

在这篇演讲中，我将讨论当今企业界有些“游戏规则”是否对某些好意来参与“游戏”的公司造成阻碍。我更要指出，这些规则与传统，很可能使我们发生不幸的乌龙事件（大家齐心防守却把球踢进自己球门）。我还将大胆打破某些被视为神圣不可侵犯的“迷思”，而且我深信这些“迷思”中有很多内容是不正确的，至少我们对于过去许多广为大众所接受的观念，应该有所质疑。当然，提出问题比提供解答更容易。我只敢朝着自己认为有可能找到答案的方向去寻找，因为不可能有任何简单的答案。但是我也相信，单是主张我们需要一些新的答案这一点，就已经可以算是一大突破，因为许多事情不只是为了目的，过程本身更加重要。如此说来，对过去有意义的事，如今也许令人感到荒唐，我们无须充当历史的奴隶。

当我开始思考这个题目时，我发现自己正踏着杰出前辈的足迹前进。现在距离“沃特金森委员会”（Watkinson Commitee）针对“英国上市公司”的责任提出的报告，已将近 18 年之久。那份报告提出了一些思路清晰、颇有道理的观点，但似乎有点儿光说不练。今晚，很高兴能看到格莱德（George Goyder）也来到现场，因为正是他所写的那本《公正企业》（*The Just Enterprise*）给了我启迪，促使我去思考这一切问题。今年稍早，另一本由卡德伯里爵士（Sir Adrian Cadbury）所撰写，以企业董事长为话题的书，在探讨某位试图追寻公司意义的某大企业前任董事长时，也对类似问题做了检讨。最近，伦敦地区也有一连串研讨会、对谈、文章以“短线作风”（short-termism）为主题。我认为“短线作风”只是一种征候，背后的问题更加严重，但有关此主题的各方论点，一直相当有趣。对我来说，最受用的是《经济学人》在1990年5月号上，针对资本主义所做的探讨，以及“公共政策研究中心”（Institute of Public Policy Research）最近出版的一份有关企业收购及短线行为的文件。此外，与班克塞恩德利（Philip Baxendale）的谈话也让我获益良多。过去10年间，他花了许多时间来改变现行的游戏规则，使他能够在“班克斯合伙公司”（Baxi Partnership）实践他理想中的公正企业。我刚提到的这些，是我所遵循的脚步当中，最知名且最有帮助的部分，但是还有很多是我没提到的。而这一切都显示出，许多人对于身在商海中而惹出的种种出乎意料的后果，越来越感到不安。

最近，这个话题在我心中的紧迫性再度升高。公司到底为何存在？为自己，还是为社会？我希望两者皆是。但是，追求自利是否应该以不侵犯社会的共同福祉为前提？或者，我们必须体会到亚当·斯密所生活的时代终究比较单纯。例如，当时的人之所以能够既爱自己也爱邻居，是因为左邻右舍彼此相识，无法漠视。而如今，我们活在一个更新、更复杂的世界，是否需要订立一套新规则？

让股东赚钱最重要吗

公司的所作所为究竟为何？20世纪60年代，我在美国就读麻省理工学院斯隆管理学院时，答案很明确。在每间教室的黑板上方，都铭刻着：“让每一股的中期收益最大化。”请注意，不是短期收益，而且不是“最佳化”，而是“最大化”。从这句箴言还可以衍生出其他各种原则。当然，前提是要有一个完全竞争且兴盛的市场，并且有一批聪明且精力充沛的经理人——我的母校就是专门培养这种人的。如今回想起来，奇怪的是当时我们竟然从未质疑过这句话以及这个前提。

不过，我赴美深造前的那段经历，使我认为学校在说谎。那时我是某个大型石油公司派驻海外偏远地区的低级经理人。我看到过公司所公布的财务报告，每股收益多少，获利能力如何，既不至于让我晚上难过得睡不着，也不至于让我早上高兴得从床上跳下来。当然，我知道，任何一项投资计划，其回报率都必须高于资本金，而我所经手的项目通常也不例外。只不过由于我任职的时间还不够长，来不及看到最后结果是否与计划相符。然而，当时我心里想的是其他的事情，而且这里我指的不只是社交活动而已。

例如，我曾经不得不与婆罗洲拉让江（Rejang River）上游 320 公里处的加帛村（Kapit）酋长打交道。他们那里盛产制造巧克力用的野生核果，他们使用以马达来发动的独木舟，将核果送到 320 公里外的镇上卖给当地的商人。当他们准备踏上回程，前来我们这里加油时，由于我事先没有预料到他们的需求，于是无法供应给他们，不幸的是，下一批汽油要再等一个星期才会运到，而我们是当地唯一一家石油公司。小镇没有足够的空间与食物可以招待这些人，再加上我也不是当地最受欢迎或最受尊敬的白人。我当时并未想到，等到下一批货送达时，可以利用我们的垄断地位把价格调高 3 倍再卖给他们。事实上，我最后所做出的，反而是以五折的优惠价卖给他们，以表歉意。当时，我对客户的关心，超过了对收益的考虑。

然而，我所就读的商学院却会说：这样可不对。尽管在我看来假如你剥削客户，有一天你终究会失去垄断地位，因为竞争对手会进来。这种说法在理论上也许行得通，但在20世纪60年代的婆罗洲小镇是不可能说得通的。因为相对于可能获得的利润，进入那个市场的成本，就会叫人裹足不前。我虽然独家控制着许多小公司梦寐以求的货源，但是坦白地说，当时驱策我的力量，一方面源于我的自重，而另一方面，身为公司的代表，我觉得必须保全个人的声望。当时对我来说，最大收益的问题反而变得非常遥远，非常长期，非常抽象，也非常不真实。

通过这则企业界常见的小故事，我所要表达的观点是：**在现实的商业世界，重要的是准时供应品质好、价格公道的产品，同时不污染当地的环境，也不惹怒当地政府，而不是利用短期获利机会，夺取不合理的利益**。我觉得千里迢迢远赴当地，目的不该是为了让某些不知名的股东得到最大的收益，而是应该履行比这严肃许多的社会职能。有一次我返回爱尔兰，有位年长的亲戚向我抱怨，我是整个家族中第一个“做买卖”的人，当时我就是像上面这样回答她的。虽然我把买卖看做是一种社会契约，但也知道买卖需要创造利润，只有这样才能持续不断进行下去。

如今我相信，我在美国所就读的商学院错了。公司的主要目的绝对不只是为了获利而已，而是要通过获利，让公司能够继续做更多更好的东西。记得也是在20世纪60年代末期，斯莱特（Jim Slator）在新成立的伦敦商学院对学生发表讲话。他当时正值事业巅峰，乐于向年轻人及妇女解释成功的秘诀。当时他所传递的信息是：“我是英国企业界唯一真正对赚钱有兴趣的人；除了我以外，其他人赚钱的目的，都是为了去做其他的事情。因此，我可以 100% 单纯考虑资产与投资决策。”三年后，他的事业宣告终结。我后来始终没有机会问他，他的想法是否依然不变。

利润不是唯一目的

我们说利润是达成其他目的的手段，其本身不是目的，这么说并不是玩弄文字游戏，而是一种严肃的道德观点。在日常生活中，凡是有人错把手段当成目的，我们都会认为他们有神经病、妄想症。就好像我家那位年长的亲戚，她非常挑剔我们每个星期天穿什么服装上教堂，以什么姿势下跪以及携带哪一本祈祷书，但似乎不了解也不在乎一切教义——也就是所传播及祈祷的内容。**在伦理学上，误把手段当目的就是“只顾自己”，而这是圣奥古斯丁（St Augustine）所说的最严重的一项原罪。**

毫无疑问，利润永远是必要的，而且不仅在企业界如此，在别的地方也一样，但是**把利润当做目的，也是一种难以破除的“迷思”**。我曾经参加过某个公司的高级主管会议，主题是订立新的“使命宣言”。宣言中说，他们将秉承和股东一样的热忱，积极造福客户、社会、员工与环境。在众人的要求下，总裁说明他个人的优先事项：“在关键时刻，我会把盈余放在第一位。”此话一出，赢得满堂彩，他一副很有气概的样子。而我搞不懂，他们为什么要喝彩，他们又不是股东，而公司也没有财务危机，他们为什么要在意盈余？难道他们不觉得，让公司成为同行中的佼佼者、创新领先、声望最高，乃至于规模最大，才更值得自豪吗？然而，他们追求的却是获利最高。沃特金森委员会说："利润是最主要的尺码。"可是，这把尺的测量对象是谁。测量的目的又是什么？尺码本身怎么可能是目的？就好像有个打板球的人，把争取高打击率当做是最终目标一样。错了！取得高打击率的目的，是为了能让自己继续留在队中打板球。

第二种"迷思"同样弥漫在我们的社会中，那就是：谁出资，谁就拥有公司。如果这种说法成立，那么公司成立的目的，应该是设法迎合这些所有权人的要求——也许是创造每股最大的中期收益，也许不是。例如，最让我印象深刻的，是某些历史悠久的家族企业所具备的"受托付感"（sense of trusteeship）。

"两次世界大战期间，我们都不得不撑下去，"比利时一家家族企业的老板说，"没办法，他们依靠我们。"说这句话时，他站在高处，向下指着工厂四周小镇房屋的屋顶。好几个世纪以来，他的工厂始终是小镇上最主要的用人单位。

然而，绝大多数上市公司的股东，却不会从工厂顶端往下勘察自己所拥有的财产。正如《经济学人》杂志曾描述的，这些人像是赌马客，把钱押在各自的"财务赛马"身上。

拍卖铃声何时响起

期待赌客永远支持某匹马，或是对驯马师提供忠告，恐怕不切实际。他们如果不喜欢某匹马，随时会转向另一匹下注。他们也许会投注资金，却不会有真实“拥有者”的感觉。依我看来，即使以减税来加以鼓励或通过立法来要求，也无法让他们与所下注的对象形成固定的关系，反倒只会扰乱自由市场而已。卡什（Andy Cash）称这种做法是对市场“撒钱”，我认为这个说法挺中肯的，然而，这些下注者却享有额外的特权，他们根据所下注的金额，可以在拍卖会上拥有投票决定新买主的权利。在这些规则下，每家公司随时都有被拍卖的可能。

有人说，驯马师满脑子想的，就是拍卖铃声什么时候会响起。这当然会使他的注意力由马匹（公司本身）转移到价格上。我曾问过一位超级市场的董事长，为什么如此积极向法国及比利时扩充，尽其可能收购竞争对手？是否在为几年后欧洲市场的扩大做准备？他说，并非如此！他只是希望使自己的企业够大、够复杂，让别人不敢兴起吞并的念头。要避免被收购，最好的防御方式似乎就是先去收购别人。然而，所有的证据都显示，大多数的时候，收购者的表现更糟，甚至招致亏损。有人说，这是个滑稽的古老世界，一点也没错。

更糟的是，这是变相自杀。尽管公司所有权转移是一件既复杂又花钱，且妨碍正常运作的事，但在1972—1982年间，在英国730家大型挂牌上市公司中，转换所有权者就多达1/3。同期，日本的数字低于8%。在德国，450家在证券交易所挂牌的公司中，只有30%左右的公司交易活跃。可是相形之下，伦敦证券交易所的 2 400 家公司，几乎家家都有随时被拍卖的可能。

付钱给赌客，他们才会高兴。英国的股息差不多是德国的两倍，日本的三倍。这么做会提高资金的实际成本，因为大多数的大公司都希望以保留盈利来应付投资所需。假如保留盈利不够，就必须去借钱；即使足够，投资获利能力也必须高于股息成本，这样的投资才值得。所以，英国公司推出新计划，所预期的报酬率是 24%，美国公司也是 24%，德国公司约为 15%，日本公司是 8%。猜猜看，哪个国家对制造工厂的长期投资最多？哪个国家偏爱在资本密集度较低的服务业上投资？而这并不是因为企业经营者无知或短视，而是他们因为承受着企业随时可能被拍卖的压力。

有人说，只要让经理人，甚至工人拥有股份，就可以化解担心被拍卖的压力。但近年来的收购案例却显示，即使经营者自身也是所有者，一旦遇到大手笔的收购提议，一样会无力抗拒。我就认识好些人，一个月前还信誓旦旦地说要长期为公司效命，一个月后就带着数百万英镑进账退隐田园。还有人寄希望于建立由所有权人、银行业者以及其他公司机构组合而成的投资集团，由他们来保证公司长续久存，让赌客型投资人的影响减至最低。然而，占英国股市资金一半的退休基金，由于直接对其他人的钱负责，往往不愿如此把自己绑住。事实上，美国禁止退休基金法人代表进入公司的董事会。如果大家的想法一致，也许可以说服他们改变做法，但这会是一项彻底的改变。也有人说，英国将逐渐成为小股东当道的国家，我却怀疑这些说法恐怕只是神话。

从根本的角度来说，也许我们应该问个基本问题：负担费用的人，凭什么就可以如此发号施令？照理说不应该如此才对。我们把对待房屋抵押贷款放款者的态度，照搬到对待企业投资人的问题上来。他们手上握有契约，假如我们未能履约，他们便可以把房子卖掉，但条件必须是我们未依约支付协议还款。房贷约定的还款利息，相当于公司的固定红利。让放款者觉得安心的两项因素，一是对借款者的所得预估，二是看好建筑物的潜在价值——有希望长期上涨。当然，房屋贷款每笔通常长达 25 年，不能中途抽回资金，但公司持股人的资金应该容许随时抽回。

依我看来，这种方法行得通。在日本，股利是根据股票面值来给付的。股利固定而偏低，但极少转让。日本公司会为了支付股利而举债，这是我们绝对不会去做的事。

公司即财产

归根到底来看，我要问的问题是，财产的概念是如何形成的，又为何形成？格莱德说，根据英国法律，公司不等于股东与股价。埃弗谢德法官（Lord Justice Evershed）在 1947 年的一个案子中，做出以下结论："从法律的观点来看，股东并不是公司的局部所有权人；公司也不等于股份的总和。"他又指出，针对英国政府在战时接管肖特兄弟公司（Short Brothers）一案，法院也同样认定，股东并不拥有公司，所以未必有资格享有公司的全额资产。但是我的律师朋友却认为，这句话未必是这件事的最后定论，他们相信，法律尚未完全决定；换句话说，也许还有推翻前例的可能。

不过，我的推理简单得多。过去，公司是由家族和他们的帮手所经营的有形资产。而到了今天，公司基本上是由一群“人”所组成，有形资产只是人的帮手。我认为，拥有“人”是不对的，买卖“人”也是不对的。这是个过时的观念，就好像“男人拥有妻子”的观念已经落伍一样。在维多利亚时代，“有限责任”的观念是个伟大的社会发明，它使得家族企业能够大胆跨步，进军国际。当时没有人想到伴随这个观念而来的问题竟是——法律上的所有权人，只负担有限责任。但今天回头检视，会觉得这种想法相当奇怪，我越深思越觉得先人的创意反而导致我们今天受害。把公司看做财产是个相当怪异的想法；认为下注购股的人有权转售，这种观念不仅荒唐，更会伤害后代子孙的福祉。因此，我要把它当做另一项迷思予以破解。

这种观念会把我们带往何处？毫无疑问，它会引导我们走向一种新版本的“利益相关者”理论：凡是有权享受公司利益的人，都有资格对公司的行为与前途表示意见。我个人并不喜欢这种概念，我不太清楚利益相关者究竟包括哪些人，或者该由谁来代表他们才恰当。依我看来，应该包括各种类型的投资人和员工才对。客户显然与公司利害攸关，但是除了可通过开放市场（假设真有这种地方的话），还有谁来代表他们的利益？而周遭的社区、环境以及社会整体，是否与公司也都有利害关系存在？“利益相关者”的概念，适用于探讨公司所必须采用的平衡行动，但我个人不认为它可以回答“公司为何存在”这个问题；即使能够，也非常含混笼统，很难看出这种概念能发挥什么样的影响力。

脑力是无形资产

除非有新的趋势出现，否则很难改变这种现况。1985 年的英国公司法，要求公司董事“适度关切”员工。也许有人会略带刻薄地说，那是空口说白话。会计人员迄今仍把人员当做“费用”记录在损益表上；没错，费用是公司所“适度关切”的重点，也是公司铆足全力要减至最低的东西。然而，如今员工不再只是“人手”或“暂时职务占据者”而已，他们越来越能代表高价值的“智力资产”。有意收购公司的人会逐渐了解，资产未必由砖石、钢铁、木材所构成，也有可能由脑力所构成。财产的概念再度受到重视，但这回人员是被当做资产，而不是费用。在收购的场合里，公司的预估价值有时会超过它的有形资产，因为没有人能估算“商誉”、“正在进行的研发计划”、“正在申请的专利”或“品牌”的价值，而这一切也都是智力资产的一部分。如今，人的重要性提高了许多，很多公司也不安地发现，人员是一种有可能走出大门的资产。现在，总算有个理由促使公司真正做到适度关切员工的表现了。

以环境为例，会计人员开始发现，他们对世界的看法有若干漏洞。例如：在会计理论中，所有权并未包含“管理”（stewardship）的概念。但是实际上，根据会计原则，如果你拥有某个物品，就有权摧毁它。而且，如果某物不归任何人所有，它就没有价格，比如空气、大海，等等。许多公司一直在逃避承担破坏环境的责任，因为我们向来没有把环境问题纳入我们的工作计划中。很久以前，这件事情还不太重要，原因或许是当时的土地、海洋、空气、森林都非常充裕，所以即使不付出任何代价就从中取得少许分量，也只是无害的小罪行而已。但这种做法的问题在于，凡是没有被计算到的东西，便无法在账面上呈现出它所受的伤害。因此，我们或许该期待环保游说团体对会计人员施加更多压力，迫使他们弥补会计制度的漏洞。彭定康（Chris Patten）在担任英国环境部长时，所提出的《皮尔斯报告》(*Pearce Report*)，就已经察觉到这个问题。会计人员在无意间扭曲了我们对整个世界的概念。如今他们有个改正的机会，但愿他们能把握。

存在主义型公司

然而，即使有这些新的数字，我还是看不出“利益相关者”的概念能对“公司为何存在”这个问题，提供任何有意义的答案。为了分析方便，或许我们可以说，公司为全体的利益相关者服务。但是这种说法并未能告诉我们，如果你是董事长应该做些什么，又该朝哪个方向前进。部分利益相关者还是不免受到优先照顾，而以当前的体制来说，这一部分人就是股东。于是，利益相关者便能牵制公司追求利润最大化。如此一来，很多人便会“先设法满足其他利益相关者，然后再去追求利润”。

在我心目中，公司是在一块有限的空间内的一种类似六角形的圈子。围绕其外的是各种竞争压力——分别来自所谓的利益相关者，包括投资人、员工、客户、供应商、环境、社会等。要把六角形拉成正方形并非易事。如果无人引导，公司会从六角形的一边摆荡到另一边——最古老的组织定律就是钟摆定律。但是这一次，公司在六个边之间摆荡。在这充满各种作用力的圈子里，我希望能看到所谓“存在主义型公司”（existential corporation）的发展。依我所下的定义，这种公司以自我实现为主要目的，尽其可能成长、发展到最好的程度，而所有其他公司也都有权这样做。这种公司对六角形的每一边都负有义务，但却不归任何人所有。它掌握自己的命运，并且永续经营（起码有此意愿）。它不是一份被人类占有的财产，而是一个拥有自己财产的社区。这种公司也有公开交易的股份，可供投资人购买，但那些投资人只拥有有限的权力；除非公司经营不善，否则他们不能把它收购下来。

社区只有成员，没有雇员。即使真的雇用了某些人，这些人也是社区以外的人。和人类一样，社区需要成长与发展，否则就会死亡（财产却可以保持静态）。但是社区不见得要在规模方面有所成长。

上个月，我在北加州度过一天快乐的酒乡之旅。在和葡萄酒酿制厂老板兼经理人聊天的过程中，我发现他对酒厂的前途满怀抱负，但是他只追求更好，而不求扩大。因为他知道首先必须取得可观的收益，才有可能实现目标。很多企业似乎总希望公司变得更大。究其原因，或许是因为公司经理人期盼建立更大的帝国，也或许因为如此比较不容易被收购。但是有时候我觉得他们可能中计了，因为更大不等同于更好，也未必表示收益更高。可是，如果换作是社区，除非征得全体成员的同意，否则没有人能够把它买下。更何况这股群众的力量与历来激励工匠、艺术家、专业人员的动力很类似，更加不可轻易忽视。

让公司成为社区

如果社区必须为自己的命运负责，那么，除非它本身同意，否则没有人可以收购它。如此看来，显然它享有某种自我管理的特权。一旦符合了它的有限空间的种种限制，社区就只需对自己的成员负责。长久以来，这类“自决权”一直是恶棍的特权。我同意必须有某种形式的权威机构——例如信托理事会，好让公司的管理层有个负责的对象。这样的权威机构主要的任务是监督而非指挥。假如管理层玩忽职守，未能让社区成长，这个机构有权撤换管理层。如果有人认为，这个机构类似于德国公司的监事会，我会说：“有何不可？他们做得也不差！”但还是可以有其他不同的形式，包括所谓的“双董事会”的概念。一个董事会包含不执行业务的董事，他们负有明确职责，有些时候还必须单独开会；另一个则包含执行业务的董事。当两个董事会一起召开会议时，另外再由一个立场中立的主席来主持会议。当然，原则比细节更加重要，而原则上，信托理事会要在六角形的范围内，对公司社区的成员负责。

我认为，在人们心目中，日本和德国企业比较像社区，而不像财产。他们自视为永续生命体，而且会为百年之后的生命延续预做规划。这种做法，可以带给其中的成员安全感，而成员反过来也会采用薪火相传式的长期思考方式，而无须担忧公司在未来 10 年内，有 30% 的概率可能会被人收购。他们也有熬过两次世界大战的准备，因为对他们来说，社区的存续最重要。而且，他们一定会尊重对投资人所做的承诺，即使借钱来支付股息也在所不惜，因为唯有在公司未能履行支付股息的义务时，投资人才有资格接手。他们会为了本身的发展而投资，也会栽培当地学校的学生，因为在这一代凋零之后，公司的生命还要延续下去。他们会照顾周遭的环境，因为那可能也是他们子孙的环境；他们会斥巨资来做研发与创新，因为这关系到他们子女的前途。

这就是多数日本以及德国公司的做法，但是我不相信这纯粹是他们的民族特色使然。我认为原因在于他们对公司的看法以及实行的方式。我在伦敦商学院的同事弗兰克斯（Julian Franks），上周在英国广播公司的分析类节目上评论道，德国公司收购另一家德国公司时，几乎都会事先取得对方的同意，他们不关厂、不裁员，反而投更多资金在训练、研究以及添购新设备上。新的管理层接手继续促进社区成长，而不是把它当做财产，极尽榨取之能事。这种思维方式真是与众不同！

然而，如果把公司当做是自治社区，而不把它当作一份财产，这个主意真的很好，那为什么却没有更多的国家愿意采用这种方法呢？格莱德在他的著作的第 1 章便已提到了这个问题，而前几天，班克塞恩德利也再度提醒我。早在 1944 年，珀西法官（Lord Eustace Percy）所说的一段话，便透露了其中的玄机：

在法官和政治家所提出的政治创见中，以眼前这个挑战最为急迫。在人类社会中负责实际生产及分配财富的团体，也就是由劳工、经理人、技术人员、董事所组成的团体，竟然不是法律所承认的团体。法律所承认的，是由股东、债权人、董事所组成的团体——那样的组合既无能力执行生产或分配，而法律也不期

待他们来履行这些功能。我们必须将法律地位赋予真实的组织，而撤销虚构组织的无谓特权。

读过这段话后，我才发现前面那几段开场白都没有必要存在了。重点只有一个：法律不承认以创造财富为目的的社区。

重新定游戏规则

那么，我们能怎么办呢？我们可以在现行法律下运作，并且力劝经理人，要他们假设自己所服务的单位是个必须对自己命运负责的永续社区；同时也要求他们适度重视“六角形空间”以及六种利益相关者。许多大企业目前正在做这项工作。他们提出愿景与价值宣言，成立社会责任部门。爱护环境，而且为无限期永续经营做规划，然而，我却觉得他们永远都在往后看。当游戏规则容许大家不按常理出牌时，我们却要求他们循规蹈矩，这并不公平。难怪有些时候，他们对其他利益相关者只是口惠而实不至，却会为了以防万一，而去迎合投机客的短期需求。毕竟，在金钱挂帅的世界里，很少有人能够独善其身。

另外一条途径，则是在现有的财产规则下，建立起真正由自己做决定的社区。约翰·路易斯合伙公司（John Lewis Partnership）和班克斯合伙公司都是这样的例子。这种合伙公司由受托人代表公司的员工，拥有至少 51% 的股份。只有在出现严重危机时，他们才会出售股份，而永续经营才是公司的目标。另外还有 1/3 的股份，可由员工直接拥有。他们可以自己持有，也可以买卖。“合伙理事会”的成员，包括 12 名经过推选产生的理事，代表“目前合伙人”的利益，4 名受托人则代表“未来合伙人”的利益。他们共同的任务，是对实际负责事业经营的董事会进行总体监督。

这两家公司以及一些和它们类似的公司，都诚心想要掌握自己的命运，眼光超越自己的时代，也超越所在的地域。但是它们的股票并不进行公开交易，不在“拍卖场”供人收购，因此，也无法作为所有公司的典范。同样，我也知道有些家族企业为了整个社区的利益，而实施所谓的“恩惠式独裁”（benevolent dictatorship）。他们的眼光同样也超越个人身后，有某些家族企业也让其股票进入证券交易所。然而，公司的前途如何，要看子孙是贤还是不肖。不见得所有继承人都是优秀的企业领导人，如果下一代的经营才能不如上一代，往往会出现所谓“富不过三代”的现象。

如今我相信，那种零星的试验与范例，永远都不够。我们需要的是全面检讨公司的经营之道。我也认为，无视规则的不合理，却一味要求经理人改善经营方式，对他们来说并不公平。然而，遵照这些规则，不免要强调短期绩效，增加投资成本，使我们位于不利的竞争地位。我虽然不知道到底该采用什么模式来经营公司才好，但就这件事来说，原则应该比细节更加重要。

短线作风当道

不过，这只是我的短期忧虑。我的长期忧虑是：视公司为财产的观念，将会凌驾于视公司为社区的观念之上。随着世界日渐缩小，加上有越来越多的公司追求国际化，财产的观念将会无情地吞没社区的观念。我曾指出，对所有人来说，英美制度的功能不如德日模式，最大的问题在于，这套制度当道将会驱使全世界陷入短线投机的狂热中，迫使公司变成资产交易者，而非财富创造者，使得亚当·斯密的“看不见的手”使众人受惠的作用难以发挥。

也许你注意到了，我还是没有回答“公司为何存在”这个问题。现在告诉各位，我还是不能回答。因为这是每个公司社区必须自行解答的问题，而我们要做的是在法律上松绑，让各公司自由地去做这件事。利润不是这个问题的答案，因为我会说：“当然要追求利润，但追求利润的目的何在？”

至于满足利益相关者的需求，我认为只是公司存在的必要条件，而非充分条件。依我看来，无论对个人还是所属的社区来说，生存并不是生命意义的充分条件。我觉得，要使生命有意义，必须有能超越生命本身的目的。

信托理事会的主要任务，就是决定这个超越生存的目的是什么，而且他们应该采取侧面的方式来思考。假如每个目标都排第一，那么99%的人都会感到失望。如今，不见得规模大的公司才能创造出伟大的成就，也不见得规模大才能国际化。我曾经强调“你是什么”不但和“你做什么”同样重要，而且在人们心中留驻的时间会更长久。还有一句同样值得告诉那些受托人的话是：公司不是工具，而是（或应是）有生命且会持续成长的社区。

今晚，我要提出一些相当“异端”的看法，包括：

1. 利润是成功的必要条件，但非充分条件。盈余应该是起点，而不是终点。

2. 有限责任公司的所有人永远不是所有人，而只是下赌注的投资人，所以，不要对他们有太多期望。反之，应该把他们看作放款人。

3. 除非利益相关者的利益能够以数字表示，否则无法获得重视，应请会计人员负起这个责任。

4. 拥有"人"是不对的。如今，公司是人的集合，是社区，而非财产。

5. 法律不承认这项看法，事实上它应该承认。

6. 要求经理人的表现超越规则，既不公平，也不实际。所以，应该改变规则才对。

7. 假如我们不这么做，将危及子孙的前途，甚至也会把竞争对手一并拖垮。

最重要的一点是，处于一个变动的时代，我们必须时刻对过去行得通的做法，未来是否能够继续行得通保持怀疑。我们不可以被自己的过去所奴役，而必须经营自己的命运。我们的事业非常宝贵，不能因为不敢质疑过去，或不敢去梦想未来而失掉它。趁着一切还来得及，让我们现在开始行动吧！

讨 论

布彻（Donald B. Butcher）：你从头到尾把股东和下注赌客相提并论，我认为这是种误导。至少，我们应该将私人股东与机构股东区别对待。根据我个人的经验，大型公司以及小型未上市公司，尤其是家庭企业的私人股东，他们对公司向来忠诚，而且抱着与公司生死与共的心态。问题是，很少有公司下工夫来争取及维持私人股东的支持。

汉迪：我非常拥护家族企业。德国的实力主要来自股票未上市的中型家族企业。这些公司的股东，都希望公司能长续久存。但是在较大型的上市公司里，即使个别股东希望永续经营，我发现他们也没有什么影响力。而更令我深感挫折的是，美国人甚至预测，在 10~12 年内，私人股东可能会消失。

巴德瓦士博士（Dr David Budworth，自由职业者）：汉迪教授在演讲中，有一两句话稍微贬低了会计人员。我不是会计人员，但是我发现当前有关企业的真知灼见，多半是来自会计人员与会计机构的。

汉迪：我所表达的只是对过去的会计人员的不满，但是我同意，如今会计人员已逐渐对自己可以做出的极大贡献有了一定的认识。对于当前会计机构的一切创举，我同样深表敬佩。

钱德勒爵士（Sir Geoffrey Chandler，RSA 学会产业顾问）：刺激中期、短期改造的因素是什么？很明显，领导力的体现，是公司内部的刺激因素之一。至于市场则是潜在的外部刺激因素，市场的运作以信息为基础，但当前的信息基本上是属于财务方面的，训练与资历方面的信息则十分欠缺。假如能实施强制性人力核查，乃至环境核查，公司就可以获得中长期信息，以供市场运作。另一个外部刺激因素，则是各项规范与法律。沃特金森报告虽然已在书架上搁了将近 20 年，但在许多方面仍然颇具参考价值。

汉迪：我认为应该多多寄望于公司内部。假如有更多的董事长、执行董事、总裁，把他们的公司视为永续社区，并且同意对公司周遭的利益相关者以及公司的未来进行投资，那么，一切将会开始改变，但就某方面的意义来说，有太多公司都是所谓的“资产交易者”，并且以此为荣。如果在语言上略做改变，也许有助于创造全然不同的气氛。然而，我还是认为，假如不改变若干现行规则，就不会有太多的改变。沃特金森报告中的箴言，仍然只是箴言。我希望企业开始告诉立法者：你们让我们处于不利的竞争地位，我们迫切需要改变那些规则。

以永续经营为目标

弗格森（Anne Ferguson，《周日独立报》[*The Independent on Sunday*]经营管理版编辑）：我有点怀疑，公司是否真有可能永续经营？做这样的假定有没有必要？从个人到政府以及文明本身，万事万物都会有它自然的生命周期。公司是一种相当新的组织，依你看来，公司的自然生命周期如何？

汉迪：在我目前所知道的公司当中，值得永续经营的并不多，但是我宁愿看到他们倒闭，也不希望在他们还经营良好时，就遭他人吞并。我希望公司以永续经营为目标，但我也知道，也许只有少数公司能达成这个愿望。目前，大型企业似乎平均可存活四五十年，虽然谈不上永续，但也是个值得追求的目标。我们进行规划，必须把眼光放远到自己身后，因为如果不如此做，我们就不会注意长期的投资发展。虽然大多数的公司存活不到45年，但雇用新人时，仍隐含着雇用45

年的意义。假如真的要雇用某些人 45 年，公司就该在他们身上做巨额投资。

摩根（Peter Morgan，管理者协会理事长）：我不完全同意你的论点，因为你没有针对公司失败之处，提出足够的证据。相形之下，保罗·马什（Paul Marsh）最近探讨“短线作风”的文章，就比较健康。不过，董事会目前正着手研究公司法，以了解原本旨在协助 19 世纪铁路公司的法令是否符合 21 世纪公司的需要。

你刚刚也提到了欧洲大陆民营公司部门所展现的力量。自第二次世界大战结束后，英国家族企业即因遗产税及公司税，而遭彻底摧毁。若要重建这个重要企业的基础，我们必须改革税制。

你谈到股东的“短线作风”，但多数股东是机构，而机构平均持股时间大约是 4 年。因为我是保险公司董事，所以我知道实情。这种情况与快速进出式的投机下注行为是不同的。

根据我个人的经验显示，公司的基本特质乃是以求生存为焦点。公司如果能克服生存问题，就会有发展的机会。但事实上，大多数公司周遭的环境因素，往往是导致公司失败的原因。经营成功的公司和管理成功的官僚体制不同。公司必须天天在市场上获胜，而市场情况却是天天变化的。利益相关者的角色，是使公司在追求盈余（这是公司生存的最终凭借）的同时，能感受到利益相关者的压力，但利益相关者是公司不可或缺的伙伴。任何公司如果不与供应商、销售商、员工、客户、周遭社区相互合作，将无法生存下去。

汉迪：我不反对你的看法。但我希望公司做规划时，眼光能放远到生存的层次之外。只把焦点集中在生存的公司,有些时候不值得托付。

摩根：我的意思不是仅仅熬过这段经济不景气的低谷时期。相反，我认为公司应该预测影响就业机会的科技与市场、消费者的偏好、社会因素，维持一套充满活力的成功技巧，而且尽可能要把眼光放远。

汉迪：也许这就是我所指的追求永续。

格莱德勋爵：感谢你对我的书的称赞。你最后引用的那一段话，是珀西勋爵在 1944 年的演说片段。我同意，这段话直到今天仍与当初他讲的时候一样有效。而你的评论让我进一步想到信托的原则。我相信，我们需要一套以信托为基础的法律制度，而信托就是托管。我可以预见未来的大型企业，将会有个监管理事会，担负受托人的角色；而普通的董事会,则继续负责经营管理。英国是率先发展出信托构想的国家。我阅读梅特兰（F. W. Maitland）论信托的作品时，了解到信托原理乃是我们英国的祖产。在找寻平衡“六边形”责任之道时，我们应该回归信托原理。

汉迪：在我的思考架构中，托管的构想占有非常重要的地位。

居安思危

埃勒顿（G.R.Ellerton，米特兰银行 [*Midland Bank*] 个人理财部主管）：为什么你认为我们没有努力实现你所提出的迷人愿景？是不是因为某些社会、文化或政治因素导致德国与日本在这方面比英国进步更快?

汉迪：这个问题在于我们过去太平稳顺利了，以至于对传统的做事方式照单全收，不会退一步质疑："还应该继续这样做吗？"有趣的是，偶尔经历动荡不安，对社会的发展反而是件好事，所以战败国后来的表现往往相当不错。

法拉格（John Farago，社会人士）：英国的合作社运动很明显是失败了，不知你对此有何看法？

汉迪：我所讲的内容和合作社运动不是很雷同。合作社运动的精神主要是涉及管理风格，而与公司所有权的观念无关，而且它也不把公司视为社区。合作社运动是一种经营社区的方法。他们的理想色彩很浓，对于如何经营社区的想法也许有点天真。所以，我认为它是在管理方法上发生错误，而不是所有权归属有问题。

罗克（《管理者杂志》主编）：你是否认为一些年轻人，比如出身伦敦商学院的毕业生，会欢迎你的演讲内容？当前有项工作就是要鼓励整个教育体系，来为推动变革尽一份力量，不知道你对这项工作的看法如何？

汉迪：我在伦敦遇到的学生可以分为两类：70%非常安于现行体制，因为他们知道如何在体制内追求成功。另外还有30%，心里虽然觉得国家如此经营很不对劲，但是他们也不清楚变革会不会在有生之年来临，因此往往将想法搁置一旁。而为了那一群沉默的少数，也可能是多数，我要挺身而出为他们高呼："这样做是不对的！"

听众：在《布林顿报告》（*Brinton Report*）提出之后，加上政府与社会大众对温室效应，以及其他环境恶化现象开始感到恐惧，英国国内与国际社会都决心追求国家与全球性的永续发展。你如何让你所说的新企业与这个大环境配合？

汉迪：尽最大的力量！不过，决心不能只是说说而已。我愿意相信他们的确有决心，但是我也认为，必须制定相关的法律与规定来使这种决心落到实处。我们过去曾经嘲笑过汽车安全带，可是一旦完成立法，每个人就会开始使用。在内心深处，我们知道这么做是有道理的。即使没有法律，我的新公司也会比现在的公司更有能力处理环境问题，但是如果有法律规定会更有帮助。

杰维斯（Paul Jervis，布里斯托商学院 [Bristol Business School]）：依你看来，信托理事会与我们所称的最高管理层之间，应该维持什么样的关系？你把信托理事会看成董事会的一部分，还是独立单位？如果是独立单位，他们如何向全公司传达其使命感？

汉迪：我认为这是一种共生关系。信托理事会要负责界定公司的"存在理由"，但显然实际经营公司的那批人，会向他们灌输观念与愿望。

琼斯（Anne Jones，RSA 学会会员）：我们如何让人们更了解日本？一般人对日本的看法，仅止于竞争力强、技术精良，但他们的工作哲学与对工作社会层面意义的见解，则令我印象深刻。我上回访问佳能公司时，他们首先谈到自己的积极哲学与目标乃是创造一个和谐的、全球性的、相互依存的社区。他们完全不谈利润。而当我问到利润和股东的问题时，他们告诉我，英国企业的股东要是能多思考战略，少思考短期利润，永续经营的机会会更大。

汉迪：我们必须找出方法来让公司了解，他们不只是供人在股市交易的资产。日本人的想法不是这样。日本令我印象深刻的是，他们不但制定价值与使命宣言，而且使每个人都相信。我们也制定这样的构想，可是却没有人去注意。他们真的是永续社区，而且不断在为日本的福祉奋斗。回到钱德勒爵士的问题，假如公司高层能有较多人挺身而出，宣称那就是他们所追求的目标，并言明利润虽然也是目标的一部分，却只是手段，而不是最终目的，那么，情况将会与现在有很大的不同。

主席：汉迪的演讲，让我们对工业社会的变迁与需求，有了一番新的领悟。希望这场演讲能给企业界朋友带来很多启示。他激发我们的想像力，也向我们提出挑战。

格莱德勋爵：RSA 属下的制造业及商业委员会，已经开始召集第一批人（有些是公司总裁，有些是学者）着手研究解决汉迪所提出的问题。凡是有兴趣加入我们，共同探寻公司新风貌的朋友，可以和我联络，我会提供更详细的资料，期待与你们共襄盛举。

BEYOND 第9章
CERTAINTY

平衡公司权力

最近有一种世界上最古老的政治哲学大受重视。欧洲共同体、加拿大、捷克、斯洛伐克等，都在重新检视联邦制的真谛。许多企业及其他组织也开始做同样的事，到处可见公司致力于改造和创造整合式组织、全球网络以及更精简的公司总部。无论他们本身是否察觉，当他们这样做的时候，等于就是走在通往联邦制的路上——用这套方法来治理其日趋复杂的组织。

将政治原理应用在管理议题上非常有意义，因为今天的组织越来越被视为“迷你型社会”，而不再被当做是某种不具人格的系统。而联邦制的概念之所以特别适用，是因为它提供了一种经过充分确认的方法，可以用来解决权力与控制的各项问题。**这些两难问题是：必须借着使事物保持“小”，才能成全“大”；既需鼓励自主，又需划定界限；必须结合差异想法与共同目标，联合个体与团体，联合地方与全球、**

地区与国家、国家与区域集团，等等。其实，在世界上多数大企业高级经理人的议程上，都可以看到这些政治议题——只不过用了不同的词而已。

迈向联邦制

因此，难怪ABB集团（Asea Brown Boveri）总裁巴尼维克（Percy Barnevik）将他那由1 100家分公司、21万员工所组成的企业体，形容为“联邦”。也难怪埃克斯（John Akers）称IBM的改造为迈向联邦制的行动。以瑞士为基地的汽巴—嘉基集团（Ciba Geigy）最近调整组织，由原来的金字塔型——依事业、功能、区域而设计的矩阵式管理结构，转变成由14个分支部门，控制公司94%的开支的组织。这其实就是联邦制组织。

虽然企业通常不会自称实施联邦制，但每个国家其实都有一些企业正朝着同一方向迈进：这个队伍中包括美国的通用电气、强生、可口可乐、英国的大都会（Grand Metropolitan）、英国石油、法国的雅高（Accor）、日本的本田等公司的身影。历史较悠久的全球性企业，如荷兰皇家壳牌石油公司以及联合利华公司等，早在好几十年前，就因海外子公司要求自主而采用联邦制结构。时至今日，这两家公司还在不断调整结构，针对权力平衡进行调整，之所以如此是因为联邦制不是一套静止不动的制度。

不过，联邦制并不只是企业改造专用的优雅词汇而已。它背后还有极深远的思维，例如：认为自主可以释放活力；只要符合共同利益，人人有权用自己的方式来做事；认为人人有知情权，必须被善意对待，且能接受良好教育来诠释这个共同利益；个人宁愿被领导，也不愿被管理。这些原则已经渗入组织，影响它日常运作的方式。更精确地来说，**联邦制不太像是一套政治结构或系统，而更像是一种生活方式。**

不过，话又说回来，当组织企图处理现代企业的种种困境时，最先改变的总是结构。所以，要了解联邦制如何运作，我们首先应该检视这一切问题，并思考组织如何通过进化来应对这些困境。然后，我们再检视联邦制的几个大原则，这些原则可以告诉我们，联邦制这种独特的政治理论，如何呈现出困境，又如何能指引实际行动。

由于每个组织各不相同，所以，对于个别组织所面临的两难困境，并没有共同或是常用的解决方式。治理联邦制组织也许格外费力，因为它所依赖的不仅是正式的权力与明确的控制，还包含了影响力、信任和同理心。然而，在今天这个彼此关系错综复杂、变化的世界中，朝向联邦制已不可避免。而正因为不可避免，我们最好能充分了解它，如此才能享受它所带来的好处。

既大且小

第一个困境是，组织必须同时既大又小，不论公司或国家皆是如此。一方面，大规模经济仍然行得通，譬如发现及开发新的石油和天然气矿源所需要动用的资源，就是小公司连想都不敢想的。而对制药公司来说，如果要有能力斥巨资做攸关前途的大型研究计划，公司规模也是非大不可。组织大，也可以不依赖某些关键人员或外面的专业人才。

与此同时，企业与国家也需维持“小”。全球各地的小国家和地区，都正在展现力量，并争取更多的自主权。一般人都会倾向于认同某些较为“人性”的东西。因此，即使处在城市中，我们仍然会希望城中有个我们的“村子”。组织内亦然。“小”不见得永远都是“美”，但是至少小比较舒服。“小”也比较有弹性，而且较有创新的可能。

如何既大且小，是今日政界与企业界普遍要面临的难题。政治上，联邦制向来是传统的解答，而它的微妙之处，恐怕连政治人物都不见得能完全了解。在企业界，联邦制不仅仅只是实施分权化，保留一个中心，再让这个中心来负责对各分支单位融通资金，类似昔日企业集团的做法而已。若只是如此，联邦制将会失去多项优势。比如，无法形成足够的规模经济、没有能力发展出横跨多个业务部门的领先科技、无法联合采购或联合投标取得涉及多项技术的重大合约等。

但是，联邦制也绝对不只是一种简单的分割行动，并非只是将一些业务部门汇集在同一把伞下。如果是这样，就会使拿这把伞的人享有过多权力，而容易疏忽地方单位的需求，或忽视实际投入市场的知识与网络。同样，联邦制也不单是把权力交给处于最前线或分散在各国的人员或单位。如果这么做，将会漠视远在后方或在其他单位的人员所拥有的专业能力。

联邦制回应这一切压力。在组织中心、专业中心、行动中心（即业务部门）三者之间，找到权力的均衡点。值得注意的是，巴尼维克所强调的是集中“报告”（reporting），而非集中控制。因为 ABB 公司大多数的关键人员并不在该集团公司总部办公。

联邦组织的真正中心分散在各个经营单位。这些核心人物经常碰面和交谈，但未必住在同一个地方。把重要的人集中在一起是错误的，因为这会使权力过度集中于某一群人或某个地方；反观联邦制的做法，则是借着将责任分散到许多不同的决策点，来取得力量与能源。

其实，这样讲不完全正确。因为整个组织的确是以某个人的人格（而非权力）来整合的，并以他的愿景来凝聚一切。巴尼维克就是这样的典型，他似乎可以出现在任何地方，领导他的经理人举行研讨会，或者像传道士般给予员工激励、质询与启发。

联邦组织的中心往往尽可能小。它们存在的目的是为了协调联系，而非控制。

中央集权的迷思

企业的第二大困境是，有些经理人可能会出于本能，将自己的单位建立成集中控制的结构，同时却仍宣称自己偏好自由开放的市场制度，并且视它为效率的最大保证。

200 多年前，政治哲学家伯克（Edmund Burke）声称，权力过度集中往往会导致官僚制度，而且最后会抑制创新并且消灭个别差异、阻碍成长。然而，企业为了效率，往往尽其所能在全球各地建立一致化的经营模式。他们所依据的逻辑是：假如某项事物在美国密尔沃基行得通，在英国曼彻斯特应该也没有问题，而且，这么做对于在权力中心的人来说一定比较方便。另外，管理层也有种误解，认为只有中心才能综观全貌、掌握全局，也唯有中心才能做出最符合全体利益的决策来。

这种见解也许没错，可是成本太高，因为官僚体系会造成无能，而且会因缺乏效率及缺乏动机而妨碍事务的推动。正因为如此，如果把各单位分开来计算各自的有形资产，合起来会超过整个企业的总市值，因为中心具有负面的附加价值。换句话来说，集中规划与控制的交易成本，远超过其产生的贡献。

“全球着眼，地方着手”（Think global，act local），也许是处理此困境的时髦口号，可是，只要一切实权仍操在“总部”手中，这句口号就难以发挥良效。反过来说，如果公司呈现中空状况，也许很快就会失去方向、标准或毫无凝聚力可言。

例如，有家英国家具公司决定只向外发展，不向上发展，该公司没有一个业务部门超过 100 人。只要公司继续成长，就不断增设新工厂和小型业务部门。各厂或单位皆独立自主，自行负责开拓客源及培养专业能力。只有在必要时，各单位才将利润返回中心，或请求中心及其他单位支援。在公司快速成长时期，这套制度运作相当好，然而，一旦经济不景气，必须分配稀缺资源时，问题就暴露出来了——没有一个单位拥有作决策所需要的权力、权威或知识。地方单位仅凭一己之力，根本无法进行全球性思考。有一次，公司竟然发现 5 个不同业务部门在竞争同一张订单。由此看来，自食其力地开放市场，未必优于集中规划。两者皆不可偏废，这就是联邦制妥协。

“我们无法支配还未拥有的东西”，这句话一语道出另一个困境的重点。有时，我们没有能力或意愿去完全拥有某个企业，却又渴望把它当做完全拥有的事业来经营。拥有 100% 股权的企业帝国已逐渐成为过去式。在凡事都已日趋全球化的同时，由于民族主义的增强，在某些国家，法律规定股东必须包含当地的代表。无论如何，企业帝国成本太过于昂贵，风险也太高。通过一系列联盟形态的投资行动，来扩大公司的接触面，成本往往比较低，也较为安全。当年，百事可乐公司和惠特面包（Whitbread）联合成立必胜客（Pizza Hut），是因为百事可乐英国公司需要借助惠特面包对英国休闲及房地产市场的认识，而惠特面包则需要百事可乐的比萨制造技术。它们缺少对方,便难以成事。

然而，众所周知，结盟的管理难度非常高。局部被拥有的公司，通常不会欣然接受来自另一个国家的总部所下达的命令，联盟也是如此。这种关系颇像婚姻，每一位皆独一无二；需要的是包容，而非管理；最好建立在相互尊重与共同兴趣上，而不要建立在法律文件与严格控制上。基于这样的情况，双方非共享权力不可，也必须互相给予自主性。维系婚姻的要素——“信任”与“共同目标”，正是维系联邦制不可或缺的条件。

无形的人力资产

在以上这些困境引发大型组织结构变革的同时，另一股力量也正将公司推向联邦制，我把这股力量称为“专业主义的拉力”（the pull of the professionals）。这股力量不仅会影响组织的结构，也会影响其流程。

当各地的组织围绕各自的核心活动与能力，来调整本身的排列组合时，它们也会逐渐了解到，人员的确是它们最主要的资产。通常，只有在发生收购行为时，大家才能认识到这个道理。因为只有在这种时候，一个有潜力的企业被估算的价值，往往是它有形资产的四五倍。两者的差距，就是公司无形资产的潜在附加价值，即贮存在重要人员脑中的智力资产。

这种人力资产非常难以固定。这星期还在，下星期就可能走出大门了。这些人是新时代的专业人员，大体而言属于高成就的一群。他们发现自己有机会拥有组织外的工作，就如同从前的医生、律师、建筑师一样。有位女士告诉我："我的企业管理硕士学位是我的能力凭证，也是我的护照。"她不了解，专业声望是建立在所完成工作基础上，而不是建立在所取得凭证基础上的。不过，她倒是有股初生牛犊不怕虎的冲劲。这种人普遍希望有个组织能够肯定他们的个人才华，提供他们发挥个人作用的空间。他们偏好小型的自主性工作单位，这种工作的基础是建立在领导者与被领导者之间互惠式的信任关系上——这种单位要为本身的成败兴亡负最大的责任。当然，他们也希望，该自主单位是某个企业大家族的一分子，能享有更多资源与升迁机会，以及因规模宏大所产生的杠杆效益。对他们来说，联邦制可以让工作单位既大且小，而且独立。

联邦制大原则

面对这些纷至沓来的压力，很多企业不断地自我调适以及进行各种实验。在进行这些工作的同时，如果它们能对施行了好几个世纪的联邦制基本原则有所了解，将可减轻不少痛苦。因为，这几条原则（订得很好，但通常应用得不好）可以立即转换应用于企业经营上。这些原则可以给公司提供某种组织架构，有助于处理工作上的问题。

权力补贴

最重要的一条联邦制原则是**“权力补贴”（subsidiarity）**。遗憾的是，这个词汇颇为拗口。它的意思是：**权力应该尽可能属于组织里最低的一层。**“较高层神职机构，不应把理当属于较低层神职机构的职责揽到自己身上。”这是1941年《教皇通论》上的一段话，因为长久以来，“权力补贴”一直是天主教会教旨的一部分。举例来说，如果某件事由家庭来做比较好，国家就不应该代劳。或许也可以说：“偷取他人的决定权是不对的。”很多为人父母者，在子女成长的过程中，经常与子女在这方面互相角力。

所有经理人都会受到诱惑，而去偷取属于下属的决定权。但如果实施权力补贴，经理人则必须对下属提供训练、指导和支持，使他们能够把那些决定做得更好。唯有当某个决定会对组织造成严重损害时，经理人才能出面干预。在飞机航行中，只要实习驾驶员所犯的错误不至于造成坠机，机长都会容许。也唯有如此，实习驾驶员才有可能学会单独飞行。

因此，“权力补贴”是一种“逆向授权”，不是由中央给予权力，相反，权力应该置于组织的最低点，唯有经过对方同意，上级才可以取走。天主教会说，每个教士都是自己教区的主教，就是奉行这个原则。摩托罗拉的董事长高尔文（Robert Galvin）告诉该公司推销人员，他们与客户交涉时，便拥有董事长的全部权威。说得严肃一点，权力补贴是重责大任，因为它将所谓的“第二类责任”（type two accountability）加在个人或团体身上。

这种说法源于统计学上所称的两种错误类型。第一类错误，简单地说就是做错事情；第二类错误，则是指没有把应该做对的事情做对。传统上，我们是以第一类责任为基础来经营我们的组织，我们必须确保不出任何差错。但在“权力补贴”的概念下，是否善尽第二类责任，有没有把握每个机会，有没有进行一切可能的改善，也是衡量一个人的标准。

若要使权力补贴效果好，就必须把它加以正式化。联邦国家都有宪法，也就是一份为每个群体的权力与责任设定界限，经过协商而产生的契约。组织也需要契约，而且必须界定清楚，谁能做什么，权力如何平衡，谁可在哪里施展权力等。如果这一切都要看运气或随个人的善意而定，那么较有权力的一方，将会偷取超过自己应得的分量，而导致整体失去平衡。

最后，权力补贴还需要情报与信息，需要广度上足以让人综观全貌，深度上足以让人精确掌握决策重点的即时资料。过去，在电子信息交换时代尚未来临之前，无法有真正“一体融合”（holism）的企业出现。假如有人想在执行本身职责的同时，还能照顾到整体利益，他们不但必须拥有相关的信息，还必须经过训练，得到足够的知识来诠释这些信息。否则，摩托罗拉的推销员如何能代表董事长？

建立相互依存关系

由于信息科技所带来的种种可能性，所以中心应该小，也可以小。因为中心小，所以无法介入太多细节，也没有能力掌控各分公司的每日运营状况。因此，权力补贴可带来自我强化的效果。1990年，英国石油公司董事长霍顿（Robert Horton）所做的第一个决定，就是将总部迁离伦敦市中心的高楼区，并裁减一半以上的人员。这个迁移行动具有重大的象征意义。新中心不再被称为总部，人员职称也有很大变化——团队领导人、协调人、顾问。英国石油公司也可能会进一步将此中心分散至各运营单位，以强化接下来要提到的这条联邦原则。

联邦制多元化

在联邦国家中，各州之所以结合在一起，主要是因为它们既需要中心，也需要彼此。就这层意义来说，联邦不同于邦联。邦联的个别成员国，并未交付主权给中心，也尽量对邻邦无所需求。他们只同意在特定重要问题上相互合作。同时，这种组织容易瓦解。

建立相互依存关系，一方面需要保留局部权力给中央，另一方面则必须将全体所需要的服务或设施，设在中央以外的一两个地区。例如，研发机构可以设在德国、日本和美国，但还是以全球为服务对象。欧洲的电脑中心可设于法国，来服务全欧洲各地运营的分支公司。政治学称此为多元体制（pluralism）——有多个权力与专业能力的中心。

联邦制鼓励在适当时机及地点进行结合，但不鼓励集中化。例如联合利华公司撤回设于欧洲各国的清洁剂制造厂，集中在一个地点生产，因为清洁剂如今已成为标准化商品，集中生产或许可以取得大规模的经济利益。吉列公司（Gillette）将其欧洲及北美营销主管，集合在波士顿办公，为同步推出感应剃须刀做准备。唯有在集合行动过度频繁，或总是集中在一个不适宜的地方时，才违反多元制的原则。

多元制是联邦制的要素，因为这套制度可以分配权力，避免因中央官僚独裁或管制过度而造成的风险。多元制必须尊重不同参与者的意见，所以可以确保较大型组织维持一定程度的民主化。随着这个制度产生的是一种新的“中心分散型”（dispersed centre）的联邦制。这种中心更近似于网络，而不太像某个场所（place）。然而，这样的分散行动必须付出一定的成本，因为中心仍然必须是个见面、交谈、分享的场所。由于电话和电视会议无法替代某些真实的会议，与会者不得不搭机奔波，不过，如此劳神伤财也是值得的。中心分散，反而使整体的结合更加紧密；各单位间相互关联，也彼此需要。

结果产生了一种矩阵，但不是传统的功能和事业矩阵。在这种新矩阵中，每个运营单位既要对各自的全球业务部门负责，也要对所在的地区负责。此外，无论共有资源与服务配置于何处，各单位也都能加以运用。它像是一个应对复杂世界的复杂混合体，而且这种混合会持续不断地发生变化。联邦制具有弹性，也必须有弹性；它永远不会僵硬。

使用共同语言

如果对于基本行为规则没有共识，没有一套共同的沟通方式，也没有共同的衡量标准，就不太可能建立起相互依存的关系。欧洲若想发展出一套如同美国现行制度一样可以正常运作的联邦体制，就必须具备以上这些要求。用企业的术语来说，所谓的共同法律，指的是一套基本的规则与程序，也就是一种做生意的模式。

比如，ABB 集团有一本 18 页的“圣经”，实际上就是该企业的共同法律。大都会集团有一群人，以该企业的中心为据点，但经常在全世界各地奔波，随身携带大都会集团的各项标准、习惯与文化。他们就是知名的“拎着皮包的人”，也是所谓的“现代传教士”，负责传播公司的语言与法规。

所谓的共同语言，通常指的不只是美式英语，还包括一套共通的信息系统，让每个人不仅可对他人的电话答录机讲话，更能对他人的个人电脑讲话。实施共同货币的意义，在于必须建立起一致的计价单位，因为只有这样我们才能比较全球的橙子和苹果的价格。虽然这个道理相当浅显，但人们经常因为急着把工作做完，而把它疏忽了。一旦手边有太多的并购案要处理时，人们就会忽略掉这些事情，不然就是拖延到日后，问题变得严重到难以下手时才来伤脑筋。

美国以及其他联邦国家，都把这种观念视为理所当然。只不过他们的企业组织很少真的将这种观念加以实践。这些企业组织就像古老的君主政权一样，宁可尽量集中权力，好方便做事。然而，联邦制组织所担心的，却是由中心做成的事情，也许根本就是错的，此外，联邦组织也不乐于见到过多权力集中于一个地方或一群人。

企业三权分立

今天，企业的经营、监控和监管，逐渐被视为三项分开的功能，应该由不同的单位来执行（尽管各单位的成员可能会局部重叠）。这是公司版的三权分立。经营相当于行政，负责交付货品；监控相当于司法，负责确保产品交付时，能遵照法令、合乎标准、恪守伦理原则；监管则相当于立法，一方面要对经营及监控单位进行监督，但更重要的是负责公司的未来，包括战略、政策与方向。

如果三项功能合并在一个单位执行，往往会只看短期，不顾长期。探讨经营问题所需的时间和注意力，将被每个月的管理及监控议题所占据，因而导致重大决策发生错误。比如位于伦敦的劳埃德保险事业集团（Lloyd），就是由179家自主保险合作社所组成的联邦体系。该集团根据法律规定，将三项功能整合为一。集团的董事长必须是执业保险人，也就是身兼执行者，而集团的各项规章，也由该执行单位来负责制定，结果是一团混乱。1989年的错误造成该集团在1992年严重亏损达37亿美元，类似的情形一再发生。而这一切亏损，却必须由所谓的“挂名者”，即个别投资人来承担。可以想到的是，事发之后，他们果然异常愤怒，强烈要求改革。劳埃德保险事业集团显然违反了联邦制的重大原则。

大多数的公司则反其道而行。如今，许多公司将董事长与总裁的角色区分开来，并创立“双董事会”，但通常不这么称呼——他们喜欢称负责执行工作的董事会为委员会或小组。也有公司单独成立核查委员会，负责监控公司在环境及社区责任方面的执行状况。在英国和北美，承担经营责任的最高董事会，不像德国或日本企业的董事会，也具有利益相关者的地位。但是越来越多的英美公司也开始认为，董事会（尤其不执行职务的董事）应该多考虑利益相关者的利益。在联邦体制下，经营终究要民主，要对全部的相关利益团体负责，而非只对投资人负责。长期来说，公司承担不起漠视其他利益团体的代价。

双重公民身份

在联邦国家，人人都具有两个国家的公民身份——同时是所在的州（邦）以及联邦的公民。例如，一个人可以既是得克萨斯州人也是美国人。我们发现，很多热爱加州的加州人，住宅外飘扬着星条旗。一位慕尼黑居民，也许先是巴伐利亚人（Bavarian），其次才是德国人，他兼具两种身份。与此类似，一些公司信纸的上方，也同时飘扬着两面旗。有些公司在角落以小字写着："某某企业集团"。还有一些公司，例如壳牌石油旗下的公司，则把联邦标志放在醒目的位置，而从所呈现的编排方式，可以看出权力分配的情形，但两种旗帜通常会同时出现。

地方公民身份很少需要特别强化。联邦制企业的各"州"，通常各自有个君王般的强势霸主。但这并无矛盾之处，因为各"州"的坚强领导力，是联邦整体力量的来源，可确保地方属性坚强。

凝聚向心力

如今，想要培养相互依存关系，就越来越需要强调联邦公民身份。一些公司的做法是，除了旗帜之外，再加上相当于国歌的东西：发行所谓的“使命宣言”（mission statements）或“愿景与价值宣言”（vision and value statements）。即使员工不见得总是完全信服它们，起码经常会在联邦的各个角落宣读它。这些东西有其象征作用，可以提醒人们自己具有较大组织的公民身份。但是，这些“国歌”功能如果发挥到极致，会形成帕斯卡（Richard Pascale）和阿索斯（Anthony Athos）在《日本式管理的艺术》(*The Arts of Japanese Management*)中所谓的“灵魂构造”（spiritual fabric）。虽然他们所描述的是当今的日本公司，但这种传统其实由来已久。伊丽莎白时代的英国，冒险家遍游四海，不受权威拘束，唯有靠着对“女王大业”（the Queen’s great matter）的共同关切将他们维系在一起，而就靠这份认识便足以建立起一个帝国。

联合利华集团有个年度活动，一般人称为“乐陶陶日”（O Be Joyful）。每年到了此时，全球各地的高级主管会欢聚一堂，听取年度成果报告，但另有一层潜在的目的，则是为了庆祝他们的第二公民身份。当集团内各公司主管谈论最近这段时期的“共享价值”时，他们体会到，增加盈余固然重要，但只有增加盈余的需求，并不足以维系联邦制度。维系联邦体制的，必须是某种相当于“女王大业”的现代理念。而找寻这种新理念并且清楚地加以表达，是决定领导地位是否坚固的一大挑战。

董事长也有助于将联邦凝聚在一起。无论对外面的世界，或是对企业集团内部的“公民”来说，他都可以是整个集团的一个“范本”，也可以担当巡回大使。英国皇家化学工业（Imperial Chemical Industries，ICI）前任董事长琼斯爵士（Harver Jones）就深谙此道。他的面庞与笑声经常出现在英国媒体上，帮助这家大型化学公司不只对大众呈现科技化的专业形象，也呈现人性化的面孔。索尼集团的盛田昭夫（Akio Morita）是另一个著名的董事长大使，他马不停蹄地到处演讲、写文章、亲自拜访，不断强化该公司联邦的核心价值。

表面上，联邦制是针对大型组织的结构与运营所采取的一种思考模式。可是，如果只停留在这个层次，那么无论是在美国匹兹堡（Pittsburgh）还是德国曼海姆（Mannheim）办公，担任高级经理人或技术人员，都没有太大差别，但我们不应让它停留在这个层次上。所谓“专业主义的拉力”，能确保他们的思考不只局限在组织的结构上，更能进一步触及实际流程，也更进一步探讨人际互动模式，以及个人与职务之间的关系模式。如此一来，便可以扩充联邦制思维模式，形成一套管理当代组织的圭臬。

采取“共识管理”

权威必须从它所施行的对象那里取得——这句话为“权力补贴”作了实用的注解。在由新生代专业人士所主导的组织里，除非员工尊敬你、认同你，否则你无法告诉他该做些什么。我们过去一向说，权威来自上方。但那个时代的员工只是雇来的“人手”，公司购买他们的时间来做公司吩咐他们做的事，那种日子早已经过去了。可是，这种“雇用契约”仍然适用于许多公司，尤其是在经济衰退时期。然而，随着越来越多的人以专业人士自居，且工作横跨公司的不同部门，纯粹的雇用契约已变得越来越不管用。

如果要专业人员充分付出，就需采取“共识管理”。付出与否，要先取得他们的同意。这句箴言也许听起来浅显，其中却有两项重要且无人质疑的内涵。首先，单位必须够小，员工才可能彼此深入了解，而足以通过个人的成就记录，来赢得同仁的尊重；其次，一个人必须在某个单位工作较长时间，才足以建立这些记录。一个人先建立声望，再取得新职务，既有可能，也是常情，但声望高必须有正当的理由。因此，我们目前所谈到的，大概是100人以下的单位，每项职务的任期在3~5年。有些组织把员工视为“职务占据者”，认为只要职务的定义明确，就既可以置换，也可以移动，但这可不符合联邦制思维。组织如果每隔两年就升迁表现优良的人员，将会使“尊重管理”或“共识管理”难以施行。

署名代表负责

员工既有权利也有责任为自己的工作成果署名。要实施权力补贴，员工必须以实质兼象征的方式为自己的工作成果署名，以此来承担决策责任。无论旧式或新式专业人员都必须这么做。例如，在我们的社会中，医生皆是有名有姓的个体，而不是隐姓埋名的“医疗顾问”。电影及电视节目结束时，会出现一长串名单——全体工作人员的署名，只要参与了，即使资力较浅的人也可列名。多数新闻记者、建筑师、律师、教授、服装设计师、画家都会为自己的作品署名。如今，项目顾问小组会把全体成员的姓名列在报告书的标题页上，广告公司也是这么做的。我新买的瑞士表，附着一张标签，上面写着“麦拉德制”。我们也许不想知道对方是谁，但他们却想主动告诉我们，而且把它看得非常重要。这是组织内一种健康的趋势，并且随着越来越多工作将由个别的小型团队来完成，这股趋势将会逐渐扩大。

在作品上署名，也许是保证品质的最佳良方。基于个人的荣誉感，且害怕遭到指责，很少有人愿意在不合格的产品上署名。然而，根据联邦制的思维，签署不仅是权利，也是责任，表明某人做了某项个人贡献。

英国某家艺术印刷企业的新任总裁，上任一个月后召集员工说：“从这栋建筑出去的很多东西，都让我引以为耻，即使客户似乎可以接受，我还是觉得羞耻。从现在开始，所有的产品都要附上一张纸，上面写着‘我们以完成此作品为荣’，底下则是全体工作人员的署名。”他原本作好了这番话会激怒员工，起码会惹他们不高兴的打算，没想到员工竟然兴高采烈。有位员工说：“我们也觉得羞耻，但我们以为，你要的就是以最低的价格生产客户能接受的垃圾。现在公司应该做的，就是提供良好的设备，好让我们制作出能以署名为荣的作品。”

以信任为基础

自主的意义，就是管理空无一物的空间。权力补贴与署名，两者皆隐含高度的个人支配权。然而，支配权若没有限制，不仅令人害怕，也会给组织带来危险。所以，无论团体还是个人，都站在代表责任的双层同心圆内。里层的圆代表一切非做不可，不做就会导致失败的事——这就是个人或团体的底限；外层较大的圆则划定个人或团体的权力界限——也就是责任的终点。两圆之间就是他们支配的区域，在这片空间中，他们兼有主动采取行动的自由与责任。这片空间必须由他们自行填满，这是他们的第二类责任。

依常理来说，要评判个人的行动，必须要到事发之后。然而，组织却比较喜欢在事发之前就先进行管制与评判。这样做虽然比较安全，却也比较迟缓，比较费钱。而且背后的假定是：职位越高，离事情越远的人，对事情越了解。

联邦制思维，或由个人主动填补空间的思维，其背后的假定则恰恰相反：居高位者未必知道得较多。如果接受这个假定，在高位者便要给予低位者高度的信任，并且在低位者做错时给予必要的谅解。如果上级不能容忍错误，下属就不会愿意冒险发起行动。“只要吸取了教训就原谅他”，是联邦制思维的必要部分，但这部分可能难以实践。

信任、推己及人、体谅式的管理，听起来不错，也很软性，但事实上，这是一套强硬的做法。管理以信任为基础的组织，有时必须无情。假如某人不再值得信任，就不能给他自由空间。为了维持权力补贴不受影响，凡是不值得信任的人，必须迅速叫他离开。

于是，曾经认为应该向全体员工保证终身雇用、终身培养的组织，如今面临两难的局面。假如组织用错了人，或者发现不该信任某人，就必须撤销保证，或者针对不称职的专业人员，不再给予他们所珍视的自由空间。

今后，各组织或许会先经过一段较长的观察期，再提出这类的终身保证。组织如果不走这条路，另一条可行之道就是改与员工签订固定任期的契约。未来，领导人必须一方面信任员工、体谅员工，另一方面也要能够在适当的时刻表现出强硬的态度。

双阶层制有其必要

“双阶层制”(twin hierarchies)即“职位阶层”(status hierarchy)和“任务阶层”（task hierarchy）同时存在并发挥作用，这种形式既必要又实用。双阶层制呈现出团队合作层次的相互依存原则。每个组织里，都有清楚的“职位阶层”。有些人因为知识、经验或能力表现较佳，他的职位及薪资理所当然会比较高。传统上，任何组织和项目都是由职位阶层最高的人来领导，然而，如果某项任务必须由一群拥有不同技术的人来完成，且由具备特定专长的人来领导，这时传统的做法便不再有意义。例如，在广告公司，年轻的业务主管对年长而有智慧的媒体主管，也许毕恭毕敬，但由谁来主导却再清楚不过。这便是以“任务阶层”来决定每个人的位置。不过，在任务会议以外的时间，仍然必须恢复传统的方式，由职位阶层来挂帅。

目前在专业组织内，实施双阶层制相当常见，但在一般企业就比较罕见。由于技术日趋专业化，每个项目小组成员都认识到小组本身只是暂时的结合，目的仅在充分利用彼此的专长，以完成工作，这其实也展现了某种相互依存的关系。因此,双阶层制将会日渐普遍。不过，这种概念带来了一些重要的附带影响：由于年轻的专业人才有机会向组织内其他的人员展现才能，因此大大鼓励了他们把自己的专业提升到最高境界的积极性，且让他们有机会直接站在真实的企业舞台上。与此同时，也有些人必须逐渐习惯这种新做法——职位阶层较高的人，必须有足够的自信，才心甘情愿偶尔接受下属的指导。

将地位与任务阶层区分开来，可使组织在不牺牲效率的前提下，变得远比原来扁平。

成就自己也忠于组织

对我个人有益的事，应该对公司也有利——这是双重公民身份原则应用在个人层次方面的自然思维。专业人员相信日本人所谓的“自我启蒙”，因为他们知道，如果不继续在自我学习与开发上投资，自己将成为消耗性资产。他们可以要求组织通过支付费用及批准特别假期来鼓励学习。回过头来，他们对组织也应该更忠诚，以示回报。可是，就如在一些较大联邦结构里的情形一样，这种忠诚不应再被视为理所当然。公司必须努力去赢取员工的忠诚，而且要更加努力。假如公司违反了与员工之间默许的约定甚至是白纸黑字的契约，妨碍了员工的成长，或者未能对员工的学习成果加以肯定，就会使员工不再觉得有义务对公司付出忠诚。

这种个人主义虽然可以为专业标准提供最大的保证，并且会刺激个人追求更高的成就，但若真要发挥作用，便必须有某个更高的目标来约束它。圣奥古斯丁曾说过，最严重的一种原罪，就是“只顾自己”。这句话直到今天仍然是正确的。倘若忽视了更宽广的公民身份，新专业人士所重视的个人主义也许看起来就和自私没什么两样。

联邦制扭转了许多传统的管理思维，尤其是它假定能量大多数不在中心，而在别处；不在最高层，而在下面各层级。根据联邦制思维，没有任何人或任何单位是全知全能的，所以权力要重新分配。君主制风险高，只有遭逢危机时才可以采用；如克莱斯勒（Chrysler）便曾经一度采取这种做法。官僚体系则令人窒息。最好能容许百花齐放，即使后来发现其中某些是野草也无所谓。但让人感到两难的是，联邦制虽然不希望在中央有个全能的君王，却需要各个组成部分都有坚强的领导者。所以，挑选并栽培这些领导者，永远都将是联邦中心极力保留的权力。然而，我们不可能仅靠维持联邦中心的“小”，就以为它会既强盛且不断成长。每个独立成员，不论是个人、团队、业务部门或子公司，都必须觉得自己是较大整体的一分子。

联邦制并不简单，它把不同的复杂状况整合在一起。通常，面对一套复杂的多重目标时，我们往往会设法建立单一权威，实施单一制度。但是，如果真这么做，便忽视了整个大环境多变的面貌，就好像把混声合唱变成只有单一音调的齐唱。事实上，联邦制与当前的时代同步，这是一个重视多元、尊重差异的时代；一个大家既想做自己的事，却又想属于某个较大团体的时代；一个大家探寻结构，却又不愿被施加权威的时代。

期待“自愿式联邦”出现

经过政治界一再试验（通常试到失败为止）的联邦制，可以被当做一种组织的概念来看，如此便可以发挥极高的附加价值。这套架构可直接应用在各企业上，无须重新设计。尽管我们知道联邦制应该如何运作，然而，真要付诸实施却不是那么回事。历史上并没有太多由君主制或寡头制自愿转变成联邦制的例子。联邦的成立，通常是因为小国既觉得有彼此结合的必要，又想保持原来的独特身份。寡头政体只有经过战争或革命，才会转变成联邦。因此，这方面并没有好的典范可供效仿。所以，我们必须自行走出一条最好的路。

要做到这一点，首先有赖于公司高层的决心。他们必须愿意交出若干权力，使组织加速走向联邦制。假如所有相关的人或组织，都知道整个世界的变化以及背后的原因，并且明白非改革不可的理由，走向联邦制会更容易些。了解，永远是促成改革的有效润滑剂。如果各企业有这份决心并且知晓内情，将可成为“自愿式联邦”的样板，而让政治学教科书再添加一个新的典范。

BEYOND 第10章 CERTAINTY

没人可以“拥有”公司

现在是打破神话的时候了。这个神话就是：股东是企业的所有人，所有员工都要为他们效命。无论是个人股东还是机构股东，他们大多数在行动、思考或感受上，都不像是企业的拥有者。若由他们来假扮，不仅会不当地扭曲了整个企业系统，也会架空了整个企业核心，占据了真正企业所有人的位置。

很久以前，出钱的人往往也是发号施令的人，从提供资金、经营事业、支付款项，一直到承担盈亏，都是同一批人。我们也许可以把这类主要股东看做是企业的“拥有者”，他们有权决定公司的未来，也有权在必要时出售或关闭公司。他们的确与公司的前途息息相关，也是公司前途的托付对象。今日公司法的概念，便是在那种时代背景下形成的。

但时代已经不同了。我记得有张汽车贴纸上面写着：爱犬不只在圣诞节属于我，而且一辈子都属于我。这句话提醒我，股票与爱犬不一样。我可以随意处置股票，事实也的确如此。大多数的持股人都和我一样：只是公司文件的交易人，或者讲坦白点，就是在公司"赛马"中下注的赌客。不过，也有些人以投资人自诩，他们持股的时间长达5年以上。

权责不符的公司股东

不过，有某些机构股东，因为持股太高，所以不论他们喜不喜欢，都算是投资人，不算是交易人。他们有相当长的一段时间与公司维持固定关系，因此不可避免地会成为公司并购中的关键角色。由于他们投资的金额很可观，所以在公司生死存亡的决策上，必须考虑到他们的利益与观点。不过，很少有公司会认为，在较普通的战略议题上需要咨询他们。他们只是投资者，但不是真正的拥有者。他们对企业的兴衰以及人员的成败所负的责任，远不如我对爱犬的责任来得直接。

不过，这些所谓的拥有者，他们的权力和权利，与他们的责任并不相称。事实上，任何一位董事长都很清楚，每家公司每天都有被收购的可能，而最终的决定权就在这些隐姓埋名的公司外股东的手上。因此，他们势必成为被优先重视的对象。每位企业总裁，势必要花费和员工谈话相等的时间，与财务分析师谈话。这使得总裁必然也觉得讨股东欢心要比讨好客户与员工欢心来得重要。

然而事情不应如此。企业的真正目的应是提供品质良好的产品与服务来赢得越来越多客户的满意。利润的确是那张看不到尽头的处方笺上不可或缺的成分，这点我想不会有任何一位股东表示反对，可是制度却迫使我们把利润（尤其是短期利润）看成目的，而非成分。

有些人寄希望于通过规劝来改变优先顺序。工业巨子、银行家、政治领袖异口同声地谴责短线作风，即使本身在跑短线的人也会将问题归咎于是现实所逼。但是如果只是嘴巴喊着“真卑鄙”，实际行动却还是奉行那一套，实在只会令人觉得更可悲。由此可见，假如我们想要改变行为，就必须先改变游戏规则。

有些人会提出一些应付之道，例如：让长期持股者在转售时免缴所得税，以鼓励长期投资，抑制短线交易。但这套措施也许只会产生一些懒惰的投资人，而无法造就真正的拥有者。还有人会建议区分 A 股和 B 股，只有 A 股附带投票权（而相当比例的 A 股，必须分配给该公司的经营者与员工），但这种做法的结果很可能是 A 股——即所谓的“拥有者股”，会以折扣价卖出，因此 B 股的交易人仍然支配全局。

事实上，我认为今天我们应该更彻底地重新思考这个问题，“谁拥有某家公司”这种观念，根本已经过时了。一个人可以拥有建筑物、土地或物料，但是公司却与这类有形的东西不同——它是人才添加价值于有形物体上所构成的精华组合。**“拥有”人本来就不太妥当，更别提由无名无姓的公司之外的人来拥有一群有名有姓的公司人员，这更是不恰当。这种行为不仅不妥、扭曲事实，甚至还是不道德的。**

公司不是交易的商品

公司这玩意，不能也不应是供人交易的商品。公司是社区，它需

要的是“治理”的规则，而不需要“拥有”的规则。公司需要哪些治理规则，这个问题仍有待理清，但我们应该要在适用于国家与社会的规则中寻找先例，而非一味参照动产规则。治理公司，适用的是政治理论，而非商业理论。权力需要与义务相称，而且必须认清各种不同类别的责任。此外，也许应该比照目前某些大型上市公司的做法，强制实施分权制度，让政策（政治学上称为立法）、行政管理、审计或规范（司法）三者分开。

当然，公司的股份仍然可以拿出来买卖，也可以在证券市场上交易，那是财务人员要继续担负的职责。持股人对公司政策的制定，有与股份比例相称的参与权；而他们的交易情形，则可以当做检测企业健康状况的财务温度计，但公司的未来不应再由他们单独决定。如此一来，“恶性”并购行为便不可能发生，因为一切并购必须经过公司经营团队的同意，不过，有些时候显然不同意也不行——这种情形在今日并不少见。

当前一些最大最好的公司，已经开始注意到全体利益相关者的重要性，并且开始实施这种经营原则。到目前为止，对于最后到底哪些利益相关者的意见才算数，这一点尚无定论，而且公司对他们的重视，通常超过了他们所应享有的。然而，大多数的公司做得既不好，也不聪明。就如同坐汽车必须强制系上安全带一样，一般公司也需要有好的法律支持，因为善良的本意，唯有通过立法强制人人奉行，才能变成习惯。法律稍做改变，便可以大幅地改变行为。一套规范公司经营的法律，一套新的公司法，都有助于填补许多公司被架空的重要部分，而把自尊还给企业。

BEYOND 第11章 CERTAINTY

办公室里有没有病毒

我们似乎正把组织变得不适合人们居住，这是一个警示。

我指的不是所谓的“不良办公大楼症候群”（sick building syndrome，SBS）。虽然劳埃德（Bruce Lloyd）在他最近的大作《办公室与工作》（*Offices and Office Work: the Coming Revolution*）中提及，80%的办公室工作者都曾经抱怨过这种现代病。这里我要谈的是一种比较不明显，但事实上却是更致命的东西：它被称为“**组织工作病毒**”（共分为两类）。

上星期有位人事主管告诉我，他所服务的知名企业最近弥漫着一种恐惧的气氛。不是害怕身体遭受暴力，而是害怕表现不佳，害怕犯错，害怕得罪不能得罪的人，或者害怕对老板有错误的期待。有些时候，大型组织内部似乎是最不安全的地方，假如当季的绩效没有达到预算指标，谁知道下一个要倒霉的人是谁？

结果，公司里人人畏首畏尾，不求有功，但求无过。这位人事主管说，这种地方无法吸引具冒险精神、有才干的青年；可是，根据该公司的战略诉求，有才干的人偏偏是公司最迫切需要的。

前面讲的是第一类病毒。另外一类病毒危险性与第一类病毒不相上下，甚至更引人注目。上星期，我邀请一位富有冒险精神的青年到我家小酌。他说，晚上8点之前没有办法到，他的女朋友则在旁边插嘴说，因为他的团队“起码”要7点才会结束当天的工作。“过去10个星期，他一个周末都没有休息，而且平常也很少在晚上9点之前下班。”这位年轻人辩称，那份工作很具有挑战性，也很刺激。但是他也承认，他的生活非常不平衡，而且他不知道，这样的日子是否能够再忍受下去。

病毒销蚀公司文化

这两类病毒源于同一个原因，管理人员及业务人员的生产力需要提升。制造部门的生产力近年来巨幅提升，如今该轮到在办公室工作的人感受到压力了。他们的本能反应之一是管制更严格、更重视纪律；之二则是更狂热地工作且延长工时。两种反应的目标，都是以更少的人来完成更多的工作，但是如果不小心处理，两者都可能带来危险。

若要实施管理结构扁平化，一定要让更多低级人员来承担一些高级责任，才可能行得通。只有管理人员减少，请示次数才能减少，这样一来检查人员也会减少，由此便可以节省开销。然而，让更多的人来承担更多的责任，意味着会有更多的人必须执行自己的提案，如此一来，不免会增加犯错误的概率。但是，如果我们打算惩罚这些错误，并且在公司的记录中加上一笔，那么可以确定的是，再也不会有人愿意执行自己的提案。如此一来，就不得不再度形成命令与检查的层级，而所节省下来的经费也将再度泡汤。

假如要让公司的组织结构更薄、更扁平，我们必须下很大的工夫，应该协助站在第一线的人做出正确的决定，而不是把力气花在惩罚他们的错误上。每个人都应该认为，遇到疑问时请求协助是负责的表现，而非软弱的象征。一旦错误发生，只要我们愿意承认错误，不试图文过饰非，不但是绝佳的学习机会，甚至还是唯一的学习途径。然而，恐惧却成了这一切的障碍，恐惧导致组织僵化，使组织只知道遵奉昨日的规则，不敢革新，却没有想到那些规则未必适于解决今日的问题。

追求量也追求质

焚膏继晷、不眠不休、极度狂热地投入工作，虽然，听起来比较积极，但和恐惧一样会造成问题。的确，在由同事所组成的团队中，可能会形成一股超越挑战、追求新成就的传染性狂热。在经常取得胜利的团队中工作，最容易被感染这类病毒。然而，如果做得太极端，企业会产生神经质、妄想症。这种情形会导致盲目行事，产生严重的“团体思考”偏见，且形成一种不容置疑的气氛，把“多元观点”及“客观”抛在脑后。而对个人来说，这代表个人的短线作风，多数人最后都会感到后悔。

这种气氛虽然精彩刺激，却未必符合每个人的口味。的确，比较讲究趣味的人，会讨厌这种贪婪的组织，因为他们不希望生活只有单一面向。

不休假、红着眼睛当空中飞人、把晚上和假日加班当做家常便饭，这些都不应该是美德。即使我们本身乐在其中，也不该要求别人如法炮制。我们需要追求生活与工作的量，也需要追求它的质。假如不这么做，我们的企业将只能留住第二流人才。第一流人才并不会以在企业就职为耻，他们只是无法忍受企业的组织观念——不是充满恐惧、墨守成规，就是狂热过度、贪婪过头。

BEYOND CERTAINTY

第12章 如果算术不算数

“凡是无法计算的东西都不算数。”这句话听起来似乎颇有道理。当年我在组织内时，就是被这条铁律灌输着长大的。这或许可以解释，为什么英国登记在案的会计人员多达 17 万人，而法国只有 2 万人，日本则是 7 000 人，德国更少只有 4 000 人。

当然，由于这些国家对“会计人员”的定义各不相同，所以严格说起来，比较这些数字并无意义。何况，英国 17 万名会计人员中不见得全都在本国工作，而且实际上他们多半都不再继续进行会计业务，而是转任经理人。法国、德国、意大利公司的董事会成员中往往包括一些工程师与科学家，英国公司则由会计人员取而代之。

我有几位绝顶聪明的朋友就是会计人员。他们的素质毋庸置疑，问题在于他们所计算的对象。会计人员所受的训练，主要在于造就核查人才——社会的检查员。他们所接受的制约要求他们只向后看而不向前看，估算时小心谨慎，规避风险，只计算他们看得见摸得着的东西。这种思考模式对核查人员来说并无不妥，但是对于领导企业迈向成功的人来说显然不适合。

无形资产也算数

反之，他们应该计算看不见也摸不着的东西——公司的智力资产。大多数良性发展的企业的无形资产，都高出其有形资产价值很多。这并不是市场不正常，而是认定诸如品牌、正在进行中的研究、员工的技术、配销与供应渠道这类东西都有它们的价值，而且不宜以“商誉”（goodwill）概括称之。

1988年菲利普－莫里斯烟草公司（Philip Morris）支付了129亿美元，买下了卡夫公司（Kraft）。在这笔交易中，看得到摸得着的资产还不到20亿美元，其他皆是“无形资产”。又如，当有人向ICI公司提及为什么它的有形资产价值高于其市场价值时，该公司便不小心透露说，万一有任何收购者发现它的智力资产其实被低估了，便会想来收购这家公司。

另外，会计人员不仅应该计算过去，也应计算未来，他们应该记录企业如何针对研发以及智力资产进行规划。他们应该检视该企业未来与竞争对手相比，优劣情形如何，不仅比较市场可能的占有率，也应在诸如新产品与服务推出率等方面做比较。如同看待工厂与机器扩充一样，他们也应该视智力资产开发为一种投资，并加以计算。

由于没有被计算的就不算数，因此英国企业是否会进一步排斥长期研发，这实在令人担心。希泰咨询顾问公司（SCITEB）最近发表了一份有趣的报告，在报告中他们指出，除了化学及制药产业之外，英国股市丝毫不重视研发。

员工也有市场价值

另有证据显示，与此类似的投资者态度和实际的比例，也可广泛适用于人力资产投资。无论我们如何高喊人才是资产，假如在会计人员眼里他们不被视为资产，却被视为成本，那么公司削减人力成本的念头，便将永远凌驾在建立人力资本的念头上。也许有人好奇，如果公司的重要员工和足球明星一样，也有市场价格（但支付给公司，而非个人），不知情况会怎样？

也许以后在年度报告书上，也应该要求出示这些新数字，而不仅仅把它当做是年度总账的附件。有些人或许会说，任何对未来所做的评估，都等于在泄漏机密给竞争对手。针对这一点，我只能说，尽管有这层顾虑，但在每家公司为了募集资金所准备的商业计划书上，还不是照样透露出这些信息，甚至透露得更多。假如未来信息对新投资者是如此必要，那么难道现有的投资者就不需要它吗？

不过，我们最应该担心的，倒不是投资大众，而是董事会与高级经理人脑子里所想的东西。只要这些人的想法仍然受审计哲学的支配，我们的企业便不可避免地将继续保持这种保守作风，继续低估智力资产的价值，而且只在乎会计人员能够计算的项目。

当然，我们可以禁止会计人员进入董事会及总裁办公室，就如同德国现在的做法一样。不过，如果在英国这么做，恐怕同时也要放弃若干最优秀的人才。到目前为止，比较合适的做法还是改变他们计算的对象，并改变我们每个人的思维方式。

第13章 经理人的条件

BEYOND CERTAINTY

今年年初，我放弃了自己在伦敦商学院长达25年的客座教授头衔。当年我加入这所学校时，英国才刚刚出现商学院。还记得当时还有朋友问我："为什么对打字学校如此热衷？"[①] 时至今日，在英国商学院早已不再是新鲜事物。当时我认为有种管理科学，一旦我们了解它并加以传授之后，便可以解决一切问题。现在，我知道的更多，终于明白**你可能了解一切商业知识，却仍然是个差劲的经理人。**

25年前，商业教育的主流是为期两天的活动。伦敦及曼彻斯特两家商学院的长期研究生课程才刚刚开始起步。如果有人宣称自己拥有"工商管理硕士学位"（MBA）——这种当时英国人还听不习惯的学位，一定是付出巨额学费在美国拿到的。

① 伦敦商学院的英文缩写与一打字学校的缩写一样。——译者注

MBA 只是起跑点

今天，英国的商业与管理学位课程超过 100 种，还有无数不授予学位的相关课程。MBA 不再是“薪水自己决定”的执照，但是在许多行业中，若想成为有抱负的高级经理人，越来越需要以 MBA 为起点，事实上也应如此。

以比较宏观务实的角度来看英国的教育，我们也许根本不需要颁发商业学位证书。并不是因为商业教育没有必要，而是因为如果未曾接受过商业教育，任何人都难以出人头地。这些课程提供了任何在职人士都需要的经济学、统计学、应用心理学基础知识，以及与工作直接相关的财务、营销和人际关系技巧。我那 20 岁不到的儿子，在上过第一堂经济学概论课后，好奇地问我：“如果不知道总成本与边际成本的差别，日子会过得如何？”“不会太好。”这是我所能给他的唯一答案。

在这些有用的基础知识之上，一套好的商业课程还会教我们如何进行战略思考，也就是找出我们的目的地，并理清需要进行哪些工作才能达到那个目的地。所以我敢大胆主张，应该在中学的最后一年或大学第一年，将商业课程列为必修科目。我们一向采取的做法是高价位政策，限额提供这方面的教育给少数的幸运儿。然后，我们再给予这种课程硕士学位的头衔，并让取得学位的学生以为自己是合格的专业经理人，但是这种做法如今看起来是错误的。

因为如此一来，人们对这种课程以及对受过这种教育的人所抱的期望，事实上是任何课程都没有办法提供的。我曾经告诉那些负责工商管理硕士课程入学面试的同仁，首先应该注意的人选，是那些从某种意义来说不需要前来就读的人。我的意思是，我们所需要的学生必须已经显露出我们所无法教导的管理者特质：比如具有洞察力、企图心、不屈不挠的精神、强悍与温柔兼具、能以负责任的态度与人共事并正确对待权力，甚至拥有若干魅力与幽默感。然后，我们可以着重培养他们的解析式科学思维，以及某些必要的知识与技术。

这套概念今天仍然行得通。课程可以协助人们把问题想得更清楚，但是无法改变人们的行为、人格特质以及主要的价值观。

商业课程逐渐变成许多工作必备的先决条件，每个人都应该尽早接受这方面的教育。然而，学习管理却是另外一回事，它会随着环境和人的不同而改变，所以无法事先学习。

因地制宜的管理艺术

如今我回顾担任商学院教授的 25 年生涯，赫然发现，我竟然曾经误以为世界上有一套可以放诸四海皆准的管理理论，只要我们勤奋研究便可以发掘出来。但事实上，我们虽然都需要一套知识与技术，不过，除此之外，我们还必须针对自己的处境，自己找出解决的办法。随着岁月的推移，我逐渐把个人的教学重点放在协助学生做一件事上——为他们自己而学习。

同理，我认为我们也可以逐渐看清楚“商业研究”与“管理学习”的分别。前者是一套共通知识，后者却是一种艺术——主要在于协助个人与组织，塑造他们自己的未来，并充分善用自己的资产。不同的学府，由于认识到两者虽然可能有关联，但是并非同一回事，所以将会只专精在其中一项。把两者看成同一回事，绝对是错误的。

BEYOND CERTAINTY 第14章

管理看不见的员工

最近我参加了一场图书馆会议，与会者多达800人。我原本不期待那里是个可以放眼未来的地方，但事实却出乎我所料。主席一开始就提醒我们，那座图书馆具有悠久而光荣的历史，而且还告诉我们，身为馆内珍贵收藏及设施的捍卫者，图书馆管理员的重要性不容忽视。然而，变革来了，电脑逐渐取代了书架。的确，过去我就读商学院时，必须到图书馆内木制的目录卡抽屉内找书目，如今同样的工作只需坐到电脑前就可以完成。假如我想复印某篇文章，再也不必把整本期刊拿到复印机那里，只要直接从屏幕上打印即可。

组织虚拟化

事实上，有位编辑人员在会中指出，目前有人正考虑是否应该停止印制及寄送期刊，而将内容直接输入到各图书馆的资料库中。另外一位与会者则说："如此一来，不必上图书馆，也可以在自己家里的屏幕上读取资料。"然后，我注视着那些图书馆管理员，端详他们领悟这番话时的表情。他们正在思索奇怪但真实的"虚拟图书馆"（virtual library）—— 一座没有图书的图书馆。这是一种概念,而不是一个地方。

我们每个人都逐渐看到更多这种"虚拟式组织"出现的信号。这样的组织不需要聚集所有人，有时甚至不需要任何人出现在某个特定地方就可以提供服务。组织依然存在,只是我们看不见。它是一个网络，而不是一间办公室。随着科技不断地将不可能的事物转变成我们所熟悉的东西，通过电子邮件及电话进行沟通，比坐在同一个房间里面对面沟通更省钱且快速。办公室所费不菲，花在往返交通上的时间也很可观。假如不必来回跑，就能节省成本。今天走进办公室时，我们往往会发现一种怪现象，就是办公室有一半是空的。这些座位的主人并非旷工，而是"在外工作"——地点也许在汽车、火车、飞机上，或者在家或客户那里。如果某间办公室有一半的时间无人使用，为什么还要保留它呢?

关键在于信任

不过，如此一来，我们就必须管理看不见的人了。总部设在洛杉矶的广告代理商查德公司（Chiat-Day）以虚拟办公室自诩。负责行政与事业发展的资深副总裁库兹（Laurie Coots）说："**工作，是你做的某件事，而不是你去的某个地方。**"人可以在任何适合自己的地方工作，也可以到我前面提过的"社交会所"或"最小化办公室"参加必要的会议。

查德公司必须信任员工，想象他们正忙着做应该做的工作。因为看不到员工时，公司没有办法详细核查。

信任就是困难所在。虚拟式组织建立在信任之上。这应该是一则好消息，因为信任员工比规范、检查、控制他们更省钱，也更愉快。但是我们无法信任自己不认识的人，也无法信任对组织的目标没有高度认同感的人，更无法相信令我们失望的人。这个道理很浅显，但内涵却很深远。

1. 现在，慎选人才变得比以往更加重要。一粒老鼠屎会坏了一锅汤。招募新人、安置职位、升迁，如今已成为管理者的优先要务。一次面谈也许还不够。我认为未来恐怕有更多公司会签订试用合同，以便拥有较长的观察期。

2. 组织里的单位必须变得更小、更稳定，好让人们经过一段时间之后可以彼此认识。在我们认识的人当中有多少是值得信任的？也许最多不超过 50 人。当前流行团队工作，但是若要维系一个团队，就必须让它有足够的弹性可以处理较大范围的工作。因此，为了让员工值得信任，我们必须持续传递给他们最新的知识，并经常对他们进行再教育。

3. 通过交谈、电子邮件、语音邮件以及其他方式，可以增强信任，避免因久不见面而导致疏远。不过，“高科技”需要“高接触”加以平衡才行。参与视频会议的成员，如果彼此是朋友而非陌生人，开会的效果通常会比较好。虚拟式组织成员的确应该见面，但不见得要在办公室里，也不见得要利用上班时间。如果能做到这样，成员便能彼此认识，而不只限于通过电子设备进行接触而已。

4. 愿景与价值非常重要。若是没有共同目标，员工便会把自己的目标摆在第一位。然而，如果让那些不在我们视线范围内的人，觉得他们辛勤工作只是为了让某些不知姓名的持股人发财，那么，除了非做不可的工作之外，他们不太可能愿意多做其他的事。他们的工作必须具有更大的意义，而许多“高接触”会议召开的目的，就是为了强化组织的使命与目标，以唤起员工对公司的认同感，并且激发为公司奋斗的决心。

5. 信任非易事。假如员工让你失望，你便无法再信任他们。虚拟式组织需要忠诚，也需要员工有好的表现。这种组织奖励绩效良好的人，但也必须处罚表现不佳以及一再失败的人。假如不这么做，势必将恢复核查与控制。对于以信任为基础的公司，不要期待它会给我们提供终生保证的工作。我们必须靠自己来赢取安全保障。

无论你喜欢与否，时代还是会不断地改变。我们当中将会有越来越多的人，必须经营我们肉眼看不见的组织，而且必须学习其中的经营之道。

BEYOND 第15章 CERTAINTY

商学院学不到的东西

最近我参加了一场集会，与会成员是不同类型的欧洲公司高级主管。在会议期间，主办单位邀请这些主管评估自己的公司在未来几年内将会有怎样的发展，并列举出自己最关切的议题。

企业的明天在哪里

这些主管们全体一致表示在自己最关切的议题中，名列第一的是“欧洲新面貌”，以及随之而来的企业、新市场、新竞争者、新联盟的问题。产品责任问题也名列前茅，美国消费者偏爱诉讼的习惯，会不会传到欧洲？环境问题也是，企业的发展应该走在法律规定之前多远才算妥当？重视环保真的有商业利益吗？另外，日本人所造成的威胁始终挥之不去，不过大多数的人也承认，日本人所带来的挑战，和其他竞争者带来的并无不同，只不过等级较高罢了。

也有些人关注科技：在科技三级跳的世界里，公司要如何才能跑得够快，以确保地位屹立不倒？投资领先竞争的研发工作究竟好不好？科技会引导我们走向何方？接下来则是一些一般性的人口问题。假如单单一家奥利维蒂公司（Olivetti），就可以把欧洲大学电子工程系应届毕业生一网打尽，那么其他公司要去哪里寻找优秀的年轻人？我们是否该永远一直互相挖墙脚，还是该从比欧洲贫穷的地区或是亚洲及非洲等地方，引进一些新秀？这样做妥不妥当？所有的人都同意，女性可以在他们的公司扮演比现在更重要的角色；他们也都同意，如果要说服这些女性加入并留在公司内，就必须调整公司的传统工作方式，可是，没有人能确定该进行哪些改变。

事实上，已经开始有人担心，要把真正有才能的人（不论性别）留在组织内，也许越来越难。对真正优秀的人才来说，组织外的生活较自由，压力也小。在组织核心担任管理工作，虽然精彩刺激，要求的标准却很高，让他们几乎没有时间与精力来做其他的事。诚如某位高级经理人所说的："我最关心的人是我自己。我想过另一种生活，但不知从何开始。"也有人担心世俗琐务，例如：应该如何管理纷至沓来的战略联盟、合资以及少数人持股等问题，这些似乎是公司的要事。

但是我却发现绝大多数的大学商学院所开设的课程，都没有把上述经理人所关切的事项当做重点，这点令我对这份清单更加感兴趣了。商学院与社会是否脱节了？我认为不尽然，不过，这二者关注的焦点不同则是事实。商学院的重点，大部分是放在教导那些位于组织阶梯下半部的人，那些人除了自己的首要专长之外，同时还会为自己的经理生涯预做准备。因此，课程安排自然偏重于组织内的问题，以及组织必须直接面对的外人，如客户、供应商、投资人等。然而，当经理人逐步攀上职业高峰之际，他们看事情的角度与关切的重点也会逐渐发生变化。对他们来说，组织内的事纵然未必能完全掌控，起码也都有办法了解，更何况如果他们经营管理能力不强，根本就不可能爬到目前这么高的位置。如今他们才发现，那些组织外部无法掌握的东西才是他们真正关切的重点。

经理人出走

假如有一所商学院，可以让我们学到一般商学院所学不到的东西，应该很不错。我曾经向英国某一所古老大学建议，既然他们欠缺师资，无法传授给高级经理人任何有关组织与企业的细节事务，还不如将此难题化为机会，帮助这些经理人来探讨组织外的议题，例如：国际政治、欧洲历史、新科学思维、人口学、女性主义，甚至包括当代宗教、伦理与哲学等。我认为，经理人对企业理论通常耳熟能详，但由于工作太忙，以至于疏于吸收本行以外的知识，顶多也只是浏览相关杂志而已。但从另一个方面来说，越靠近顶层，就越需要创造与抽象思考能力，以便处理层出不穷的新议题。

他们也无法在任何管理学教科书上，找到这些问题的答案。诚如德鲁克所言，管理战略联盟的最佳教科书是丘吉尔所写的《马尔伯勒公爵传》（*Duke of Marlborough*）。

然而，那所大学对我的建议持保留态度，他们先前从未做过这样的事。不过，话又说回来，过去的世界，也从未经历过像现在这样快速剧烈的变化。如今，这群高级经理人和他们公司所需要做的事，很多都是没有人做过的。过去，他们从来没有为自己的未来预做什么准备。如果今后他们打算以开放的态度来应对未来，便需要到其他的世界去走一走，多看看别人怎么做，并且多听听别人的想法。毕竟这批人一直都过着一种忙碌的生活，即使他们知道这个研究是对的，还是没有办法在一天的工作时间内抽出 10 分钟来进行思考，不管他们是不是知道该思考些什么问题以及该从哪里开始。

日本人认为人生的学习曲线应该倒过来，年纪越大，越需要学，越需要听，也越需要思考，因为周遭的问题会变得越来越复杂，而我们的行动反应却日趋迟缓。英国人过去希望，学习最好在 16 岁或顶多 21 岁时结束。如今，人们的观念总算开始改变了，但我们必须率先找出一些新方法，在人们孤立无援之前帮助他们迎接新的世界。接近顶层的人，也许需要回到校园待一个学期，去做他们年轻时没有空间从事的阅读、思考与交谈。但我不称他们为学生，事实上，我会请他们当老师，每周主持一次讨论会。我从个人的痛苦经验中得知，如果所学的东西必须传授给他人，学习的效果一定特别好。所以，若有任何大学愿做这方面的尝试，应该可以从这类成熟学生那里得到莫大的好处。

BEYOND CERTAINTY 第16章

“积极权力”的新时代

“分崩离析，中心不存”[①]，这一诗句常被引用，也颇符合事实。过去这几周，我一直待在意大利，注视着那个迷人的国度，深恐它会分崩离析。意大利已不再有政治中心，他们现在以“投票亭里的幽灵”来称呼这个虽然正在消失，但是却仍然有许多人愿意投票支持的中心。

拖牛车的官僚体系

这个政府也许没有所谓的政治中心，但却有庞大的行政中心。在意大利，什么东西都需要执照，而且要耐心等候。即使是自公元1300年以来就声誉卓著的博洛尼亚大学（University of Bologna），如果没有经过位于罗马的政府批准，就不能开设新课程。如果要申请房舍重建，不但要填写无数张申请表格，而且甚至要等上好几年。但是，如果你

① 出自爱尔兰诗人叶芝（Yeats）的诗作《再度降临》（*The Second Coming*）。——译者注

期待这个官僚体系会自动制定新法律，甚至提出新构想，你的期望保证会落空。

所以，极具讽刺意味的情况便出现了——我们打造了一个无所不管，但什么也不做的中心。这个中心拥有一切的正式权力，却没有丝毫领导力来发挥这些权力。这样的中心只能无限制地使用“消极权力”，而且会招致腐败。不幸的是，这种现象并非只有意大利才有，消极权力正在每个大型组织的走廊上出没。

行政中心小而强

即使你不具备运用“积极权力”的能力，你也至少可以阻止“消极权力”的发生。比如说，像下面这句消极的话，“对不起，你的表格填错了，而且已经过了表格的提交日期了”就不应该说出口。

所以，大型中心由于官僚组织庞杂，往往会行动迟滞。能量（Energy）来自权力，但若无变革与创造的权力，能量的唯一来源就只有消极权力了。在这种地方，充满了政治，也充满了腐化。往往不做事，不行使权力却反而得到酬劳。虽然一切权力都会带来腐化，但是消极权力所导致的腐化则比较难以察觉。

若要解决这一问题，答案很简单，却很难实施。答案就是：中心要缩减。中心应该变得更强但更小。应该多发挥领导力，少做核发执照的事情；应该把焦点集中在“往何处去”和“为什么”这些问题，而少停留在“如何做”这个阶段。

ABB 集团位于瑞士苏黎世的全球中心，负责监督全球 225 000 名员工的只有区区 120 人；宝芝集团（Boots）的中心，负责此项工作的还不到 100 人；玛氏公司（Mars）更以不到 20 人的管理团队赢得赞誉。

庞大的企业中心即将成为往事。小型的中心似乎反而能有效集中运用脑力，它没时间也没人力进行不必要的重复核查工作，而且也会将积极权力授予职位较低,或距中心较远的单位。凡有积极权力的地方,便不需要发挥消极权力。

小型中心的运作，是基于以下的假定：假如你可以做出正确的重大决定，就可以不必担心你在小决定上会做得不好。即使小决定偶尔出错，四周一切积极权力所释放出的能量，也可以弥补一些错误判断所造成的损耗。此外，这么做也很经济，因为信任的成本，远低于事事均需取得许可的成本。小型中心依赖信任，信任其他人具备足够的能力，信任他们的所作所为合乎组织的最大利益。然而，信任首先需要有正确的人选，再就是需要给这些人提供正确的训练，用正确的方式来对待他们，充分了解他们的想法，并且经常和他们交谈。凡是中心小的组织，都必须以极大的热情来挑选、训练与沟通，也就是注重这种新型组织所需要的一切软性技巧。

然而，待在这些小型中心，也许会觉得孤单。一位 ABB 的副总裁曾这样告诉我：“我们所能做的，只是看管‘牛群’。只要确定他们移动的方向大致正确，我们就可以稍微宽心。”假如看到某些“牛”走了岔路，这类组织内部的警铃便会响起，然后会派遣“放牧人”将它们带回正途。但若牛群走在它应走的路上，就不必加以干预。**控制工作迅速且焦点集中；关注的不是手段，而是目的；不是过程，而且结果。**

鼓励积极表现的文化

可怜的意大利，长久以来一直存在着一种消极权力的文化。无论谁当领袖，都难以改变这种文化。如果一个人长久以来得到奖赏或升迁的原因，不是由于有什么成就，而是因为没有犯错，要改变他的想法就很困难。在消极权力当道的地方，积极权力通常不受欢迎。对这些地方的人来说，发许可证要比主动提新方案容易得多。

其他组织的情况应该不至于那么棘手。一般组织的中心比较小，而且越来越小。大家越来越喜欢承担“个人责任”，越来越不喜欢说“不”。由于人们尝到了组织建立在积极权力上所产生的甜头，这种安排事情的方式日渐风行。过去我们设计组织，都把重点摆在防止员工犯错上，而如今我们设计组织时，则会设法使它能帮助员工积极表现。风尚的力量似乎总强过任何理论，而此刻，风尚与理论在这件事上正携手并进。

第17章 工作世界新面貌

BEYOND CERTAINTY

也许每个人都需要经历一场地震，好提醒自己，没有什么事情可以被看做是理所当然的，即使我们脚下站的土地也不例外。另外，我们也绝对不应该依赖经济常规或是工作法则。直到最近，我们才发现有一些过去被视为理所当然的事，现在看起来已经不再那么确定了。例如，我们发现生产力逐渐变成一把双刃剑。众所周知，我们必须全面提高企业的一切生产力，以维持竞争力，并增加财富。只要提高的生产力与增长率一致，便不会有问题。在这种情况下，新成长所增加的职位空缺，便可以吸收因生产力提高而遭缩减的职位。

端不住铁饭碗

然而，以当前的竞争形势来看，我们每年的生产力，必须提高大约5%~10%，但是没有任何一个发达国家能够长期维持这么高的整体增长率。因此不可避免的，我们所减少的职位，会逐渐比新创造出来的替代职位还多。可是，如果我们不快速提高生产力，一旦企业关门倒闭，未来消失的工作职位甚至还会更多，情况会变得越来越糟。过去政府及公共服务单位，即所谓的“非竞争部门”所提供的工作是“铁饭碗”，这些单位由于绩效无法切实评估，所以不会太强调生产力。然而，如今我们已重新让政府面对竞争，我们把一切——学校、医院、政府单位，甚至监狱，都变成独立的企业。就如同评断任何企业一样，我们根据它们如何将“投入项”变成“产出项”，来判定它们的绩效。所以它们现在也必须套用那个残酷的生产力公式“1/2 × 2 × 3=P”（人员减半，薪资加倍，生产力 3 倍）。

对留下来的那一半员工来说，这个公式不错，但对离职的那一半而言可就不然。传统的工作观念已经失效，那些原来遍地铁饭碗的地方不再能提供好工作。不过，假如我们真能找出他们真正的需求，并予以满足的话，那些地方可以成为我们的潜在客户。

智力资产时代来临

假如我们将自己转变为小型个人企业——我称之为“组合式人员”，拥有一套由不同客户与产品汇集而成的组合，那么，我们可以为自己提供工作。但麻烦的地方是，我们过去所做的准备，是针对职位，而不是针对客户。身为独立工作者，我们竟然不知道要卖些什么，或者如何贩卖，甚至不知道如何定价或开发票，这些都是我们需要从头学起的地方。

还有其他的麻烦：财富或财产的来源本质上正在发生改变。我们不要管土地、建筑物或机器，如今真正的财富源头是智慧，是可以活用的智慧。我们把“智力资产”挂在嘴上，却不了解它的真义。它指的不只是专利权和品牌名称而已，而是某个地方的脑力资源。假如市场对某家公司的估价，是该公司有形资产的三四倍，那就意味着市场对于该公司的“智商”附加价值做了很高的估测。

但是智慧这种财产和其他财产的作用方式不同，政府无法下令把它加以分配。而且，除非某人已有些智慧，否则想给他智慧都没有办法。此外，当我们把智慧给予他人时，自己不会有损失。真是奇妙！简单地说，智慧总会趋向有智慧的地方，起码短期内是如此。因此，假如智慧的确将成为新的财富源头，社会将会日渐呈现不规则的组合。富有智力资产的人，会聚合成一层波浪，虽然那些完全没有这种新型财产的人所聚合而成的波浪更大。未来，社会需要有七成的人来承担新型工作，而总人口中只有三成的 18 岁以上受教育者尚无法满足这一需求。在向高技术发展的世界中，我们仍属于低技术社会。

视员工为准合伙人

智力这种财产，会给企业带来其他的挑战。假如你承认为你贡献智力、为你创造并维持智力资产的员工，是你真正的资产，你就应该非常珍惜他们。然而，他们不像其他资产不会移动，他们会自己走出大门。若要防止他们出走，我们必须使他们成为企业的“准合伙人”：实施大型分红计划、入股计划，恐怕还要让他们享有所有权人的部分权利。假如投资人实际上是对其他人（比如公司内员工）的脑力下注，股本投资的风险将会变得更高。然而如果风险提高，投资人就会期待报酬增加，回收期缩短。从短期来看，日子会更难过。但是，为了保护企业免受急躁的投资人的干扰，我们还是必须修改公司法，限制投资人的权力。

一场地震要历时45秒，而这场经济地震也许要持续45年。但不幸的是，我们正位于时间的中点。地震震到一半，并不是改造根基的最佳时刻，可是我们别无选择。**我们必须针对新的工作与财产形态，以及它们全部的内涵，彻底重新考虑。**否则，有天早上一觉醒来，我们将会发现，自己举目所见皆是一片荒凉。

BEYOND CERTAINTY 第18章

"终生雇用"谋杀企业

我进入社会的第一份工作是在一家大型石油公司上班。上班的第一天，他们分给我一叠文件，最上面的一份是公司的养老金规则。那时我才20岁出头，根本无心阅读，便将它束之高阁。但我还记得，我的准岳父后来把它拿出来看时，评论道："我发现你死了比活着强。"

然而，本来就应如此。因为公司和我本人都假定，我是终生受雇于他们的。双方也都认同，将来我退休乃至死亡之后，公司都会照顾我。他们会为我提供职业发展途径。至于能够爬多高，那就要看我个人的能力了。他们也会提供必要的训练与发展，使我的能力得以充分发挥。回过头来，他们期望我忠诚、全心投入并且有耐性。"别急！四十多岁就会有好差事。"

终生雇用是每个宽厚雇主的目标，就连许多不很宽厚的雇主也有相同的目标，因为拥有一支可随意调度的私人部队，毕竟比较方便。

最近，日本人将终生雇用制变成一种崇高的组织行为，与此同时，配合终生雇用而实施能力评估计划、职位接替计划，以及设置职业发展顾问等，可使这个构想融入组织的基础结构内。

终生雇用制行不通

然而，我怀疑这也许是个已经过时的观念。毕竟，即使是在日资公司，也只有核心员工才能享有这种特权，而且公司已经明确表示，这只是一种传统，而不是法定权利。包括日本人在内，很多人已经开始质疑，这套做法弊大于利。

第一个坏处非常明显：多数人以相同的速度成长，但组织却越靠上层越狭窄，公司没有足够的空间容许每个人来发展自己的职业生涯。在终生雇用制下，人们要的不仅仅是一份工作而已，而是整个职业生涯。结果如何，可想而知。几乎每隔一段时间，就会有一批中层人员无法通过升迁筛选。他们本人郁郁寡欢，公司则负担沉重。即使公司的产能成长速度远快于生产力的提高速度，所能做的也顶多是延后筛选的时间。这是许多日本公司多年来所面临的问题，但如今这种情形已经大为减少了。

英国公司过去也曾发生过类似的问题，20 世纪 70 年代以前，它们的生产力几乎毫无提升，所以必须淘汰一些中层干部。当前每家成功的公司，在过去 10 年间，营业额几乎都增长了 4 倍以上，核心员工人数则减少了一半。5 年一次的筛选淘汰已经形成惯例。而这对终生雇用的构想，无疑是残忍的嘲弄。根据经验法则，人员减半，薪金加倍，产量三倍，这八成是一家好公司，而唯一美中不足的是那 1/2 必须被裁减的人员肯定愁眉苦脸。

第二个坏处是，公司似乎有义务为每个人提供某种形式的晋升途径。为了显示公司的认真态度，年资与薪资每隔几年就必须显著调升。假如组织够庞大，这还没有什么问题，但若组织小而扁平，可行性就比较低。今天大多数的组织皆以四个层级为目标。如此一来，就没有太多长期升迁的空间，甚至对某些人来说，根本毫无升迁机会可言。

第三个坏处是，从内部培养出来的人才，往往无法跳脱前人的格局。而在巨变的时代里，想照着从前的做法来应付现况恐怕会捉襟见肘。例如将银行转型为金融超级市场，也许是很好的经营战略，但那些针对旧组织而招募的人才，无论如何加以训练，都无法切合新组织的需求。如此只好引进新的人才，来担任中层或接近高层的职位，但是这样一来，先前对员工的暗示性承诺不免会落空。

第四个坏处是，假如公司的战略是操在一群成长于同一世界、同一传统、对外面一无所知的人手上，会产生对公司处境认识不清的潜在危险。“团体思考”可能使一个凝聚力强的团体漠视一切他们所不想听或不想看的信息，导致盲目行动。

坦白地说，我现在相信，终生雇用制既是一套不佳的经济主张，也是一种不良的伦理法则。说它是不佳的经济主张，是因为它给组织穿上紧身衣，限制了组织的弹性发展。说它是不良的伦理法则，则是因为明明只能给一部分人的东西，却对所有人做出了承诺。因此，无论它的动机再怎么善良，终究只是个谎言。

与员工签订定期契约

我认为比较诚实可靠的思考方式应该是：针对特定工作，与不同的员工签订期限不等的定期契约；以预缴年金来取代养老金；提供“机会”而非“规划好的职业生涯”；让员工竞争有限的职位，但有时必须和外人竞争。对个人来说，比较有意义的思考方式应该是“向前移动”，而不是“向上移动”，就好像专业人员通过不断变换合作的对象，增长经验或提高收入一样。毕竟，**对终生职位这个构想来说，实力强的人不需要，实力差的人也不配拥有**。它的实质内涵是什么？就是个人要自己来负担职业生涯的发展和规划。

我喜欢某家美国公司用来描述其发展哲学的一段话：“个人创新，公司支持。”公司的支持项目，包括教育与训练，其中有一部分被列为“个人权利”，例如：补助学费，以鼓励员工为自己的未来投资。

公司所提供的支持，还包括针对未来有哪些工作选项以及哪些方面的经验比较有用，为员工提供咨询与建议。没有一个组织希望优秀人才流失，因此每个组织都会协助内部精英站在争取好职位的有利位置上。不过，这只是提供建议，而不是帮他们做规划。签订随时可更新的定期契约，让双方每隔一段时间，就有机会针对条款进行讨论。

随着个人化契约由高级经理人逐渐扩展到中层人员，所有的组织早晚都会需要这种契约。

活在当下

取消终生雇用制之后，慢慢地组织对内部与外部人员便只提供工作，而不提供整个职业生涯的保证。没有人能够保证在某个职务之后，接下来会换到哪一个职务。就如同目前许多高级职务一样，将来每项职务也许都有固定的期限，或者虽然并未订立固定期限，但有解职预告条款。如此一来，人们将会了解，他们是受雇来从事某项工作，而且必须把那项工作做好，而不是被“安置”在某个过渡性的职位上，有朝一日可以担任“真正的”的职务的。

届时，也许会有更多人因为在某个位置待得够久了，因此能看到自己所做决策的结果。这是一种良性的转变。在过去，极具潜力的经理人，往往无法在同一职位上待一年以上。我对从前任职的石油公司所称的“耐心等待”文化，曾以“延后的报酬”和“天堂是你的，但非现在”等语汇，来突显这个文化的崇高。不过，现在强调“充分把握这份工作，否则它将是你最后一份工作”的新文化，将会取代这种旧文化。这是一种新的迫切感，一种活在当下的理念。

然而，许多人会觉得，一旦放弃终生雇用的观念，他们的企业将无法防范别有用心者的利用；他们无法控制员工；短期的考核将主导人事决策，以至于长期发展不受重视；最优秀的人才会离开；公司的文化将遭腐蚀，传统将被破坏。

当听到最高层的经理人说出这些话时，我不禁想到，也许终生雇用制最主要的意义是在控制与防堵，而不在于善用人才。

即使当做控制的手段，终生雇用制也不一定就是有效的。有些时候，最优秀的员工不也离职了吗？人事决策，难道从来不做短期的权宜之计？想加入或退出公司的杰出人才，提出其他的条件，这些高级经营者难道从来就不接受？这套制度是否总带着几分神话色彩？

我接着又想起，20 世纪 50 年代初期，英国军队改为定期雇用制，因为他们领悟到，军中需要大批有才干的青年，但只需要极少数的年长者。另外，我还想到，英国演艺界、新闻及传播界，一向都是以这种方式运作的。各种专业机构、顾问公司，甚至于最近的货币市场，也都是这么做的。奇怪的是，这些恰是英国最卓越的领域，而想加入这些行业的杰出人才还会少吗？

不愿受组织束缚

英国最好的一些组织，并不靠"延后的报酬"来维持人员的忠诚。他们的做法是要求人们立即忠于职守，立即奉行公司的哲学。最优秀的人才不需要在同一个地方呆上两年，也不需要花 20 年来吸收文化。在一个好的组织里，只需花上几分钟就可以掌握组织的特性。最好的公司知道，它们既可以挖掘人才、鼓励人才，也可以为他们提供成长的空间。

而最优秀的英国人，不再希望自己终生被某个组织捆绑，即使这个组织美好无比或包罗一切也无关紧要。这批人希望控制自己的命运。

组织必须下工夫才能赢得他们的忠诚，而承诺尽管可以提供安全保障，却无法换得他们的忠诚。事实上，对他们来说，最大的安全保障其实是他们的才能，而非一纸契约。今天，当他们加入某家公司时，如果发现对方提出养老金制度，他们反倒会觉得不安。优秀人才所要的，是一份能让他们全力以赴的工作。这种工作的价值，可由成果来证明，而不需要什么评鉴。而且，他们在年轻时，就想取得这样的工作。他们不愿论资历、排辈分、耐着性子等候，也不在乎终生雇用那一套。也许他们才是对的。

BEYOND 第19章 CERTAINTY

上班就是去开会

最近美国各城市郊区呈现出一种不协调的景象。到处可见新盖的办公大楼，而高耸的大楼底层，环绕着一片广阔的停车场。锯齿状的空中回廊，看起来相当怪异；再加上整个办公大楼和停车场都空空荡荡的，更加显得冷清。有人说，这都要怪经济不景气，但是也有许多人认为，即使经济转好，那些建筑仍将继续空下去，因为我们无论在哪里都永远不再需要那么大的办公室了。

“你非在这种环境下工作不可吗？”我问一位正在采访我的《亚特兰大新闻报》(*Atlanta Journal*)女记者。当时我们坐在一间大新闻室正中央：将近100人挤在电脑面前，不自在地用下巴夹住电话筒说话。到处烟雾弥漫，吵嚷声不绝于耳。她答道：“不，当然未必。我如果在家工作，多半会事半功倍。可是他们(指着新闻室另一端玻璃窗后的两名新闻主编)需要我们坐在这里。

而且，他们无法信任我在他们看不见的地方工作！”

将来，也许我们必须打破老习惯，不再要求员工在同一时间聚在同一栋建筑物内工作。早晚有一天，这种做法将会变得过于昂贵。对许多公司来说，办公大楼是最昂贵的资产：一星期有168个小时，但办公室里有人的时间通常不超过60个小时。即使在上班时间，也有许多房间空无一人。这些房间的使用人，并不是被解雇了，而是外出工作——会见客户或供应商、开会或上课、走访分公司。今天，对许多高级主管来说，办公室几乎只是一个豪华的档案室。

办公室变成社交会所

当然，有些人必须留在那里撑场面。但是对许多人来说，办公室更像一个商务社交会所。在那里，除了可举行正式或非正式的会议外，偶尔也可以利用专业设备来进行工作或约见访客。社交会所只对会员开放，但里面并没有私人空间，而只有活动空间，所谓活动包括用餐、开会、阅读，等等。如果我们把办公室设计成社交会所，应该可以省下一大笔房租。即使是很豪华的社交会所，依然可以省下不少钱。

听说美国的玛氏公司已经开始采取这种运作方式。而日本本田公司的42名董事共用一间办公室，里面只有6张办公桌。因为他们假定，无论任何时段，大多数的董事应该不是在外面四处走动，就是在家研读资料。他们可以，我们为什么不行呢？

再看看最近若干调查的实证。有份研究估计，在英国，有50%以上的工作可以全部或局部在远距离进行。5年前另一项研究更是发现，在英国就业人口当中，希望在远距离工作，每周只进办公室一两天参加例会的人，比例为23%。正如另一项调查所透露的，欧洲上班族平均每周独自工作的时间占54%，这个数字几乎与美国及日本的持平。假如你有一半的上班时间是一个人埋头苦干，那么又何必天天通勤呢？

不过，这种日子不会很快来临。亚特兰大那位女记者说得对，我们喜欢亲眼看到下属在工作。然而，假如她能在每天上午11点截稿时间前，交出品质合乎要求的稿子，就算她三更半夜在浴室写稿，那又有什么不可以呢？在目前英国就业人口当中，自由工作者就占了14%，他们并不都是饱受剥削的SOHO一族。其中不乏独立的专业人员，他们以家为工作基地，而不是在家工作。如果他们能力够强且运气够好，将可以在某家公司的办公室内拥有一个角落，并经常使用那个地方；有些人，则利用各地新兴的“地方工作中心”。

17世纪法国哲学、数学兼物理学家帕斯卡曾说，一切痛苦，皆源于人无法独处一室。这句话不无道理。我们都需要办公室的同志情谊和人际接触。假如只通过电话及电子会议，没有机会面对面，这种生活很快就会令人厌倦，不过，每周二、四固定见面，也是可以培养友情、保持接触的。

我们无须以经营工厂的方式来经营办公室。但是若能把一部分办公室变成社交会所，并让更多人来成为会员，而将私人空间移到外面某处，不仅更经济，说不定也更有趣味。届时，我们只需再动动脑筋，解决办公大楼无人进驻，或通勤列车无人搭乘的问题。

BEYOND CERTAINTY 第20章

假如公司是公寓

“我们的员工是我们最大的资产”，这句宣言也许才刚开始逐渐成真，但是后果如何仍然难以预料。

去年，微软公司的市场价值一度超过通用汽车。《纽约时报》的评论说，微软所拥有的唯一真实资产，其实是员工的想象力。管理大师汤姆·彼得斯（Tom Peters）受到这句话的感动，宣称工业时代象征性地结束了。另外一位管理大师德鲁克则在他的《后资本主义社会》(*Post Capitalist Society*）中指出，资本主义的传统基础——“生产工具”，如今实际上已经落入劳方的脑中与手上。马克思当年的梦想已经成真，只不过方式超乎了他的想象。

资本主义整个被翻转过来了。传统上，有钱人拥有生产工具，并雇人来让那些工具发挥功用。我们的财务报告、股市以及企业结构（这一点最为重要）都在反映这个传统。投资人拥有财产或资产，也有处置它们的权利。在他们所创建的机构里，要仰赖开发及利用所拥有的财产来改善生活与维持生计。但如今，没有人能够拥有别人的头脑。我们无法阻止员工把脑力带走。**我们再也无法像过去一样，控制自己的资产。如今拥有资产的，是资产本身。**

员工是最终竞争优势

因此，人这种资产带给我们的两难问题是，假如员工是我们的最终竞争优势，我们便需对他们做投资，开发他们，让他们的才能有发挥的空间。然而，我们做得越多，对他们越有保障，就越增加了他们流动的可能性。但是我们无法逃避这个困境，而且我们不能不对这个会流动的新资产进行投资，因为我们承担不起后果。现在我们已经可以感受到组织文化的变化。

几十年前，我从一家国际知名的石油公司开始踏出职场第一步。当时，公司对我的一生负责，甚至连退休以后的日子都包括在内。至于我对公司的回报行动，当时我认为可以称得上是“忠心耿耿”。而如今，公司的考评表格上，不再出现“忠心耿耿”这样的字眼了。首先要忠于自己的个人专业发展以及个人的职业生涯；其次要忠于目前正在进行的项目、团队或任务；第三才是忠于目前工作或执行任务的机构。当前的伦理顺序，似乎是先爱自己，再爱邻居，然后才爱所服务的公司。

如今，机构不能再一味地要求人员对它忠诚，而是必须努力来赢得他们的忠诚。如果这些资产能找到更好的出路，无论在逻辑上或经济上都没有理由阻止他们前往。我们也许应该了解，那些矢志效忠的人，也许是因为没有其他的去处。诚如有一次我告诉我的老板，有个竞争对手提供诱人的条件要我跳槽，他的答复是，“我们预期公司最好的人才会成为其他公司争相网罗的对象，但我们希望他们不会被说服，尤其不要纯粹为财所动。”公司领导力此刻正面临一项最新挑战：设法让最优秀的人才自愿留下。

公司“公寓”化

我猜测，由于人力资产的重要性日增，将会使越来越多的公司变成由项目团队所构成的网络，像是一种“公寓”，里面住的是为了某段时间互为对方提供便利，而暂时共同居住的一群人。这种趋势既叫人喜，也叫人忧。

喜的是，组织与个人都将毫不懈怠，矢志不渝地追求创新与创意，人们也会希望为自己的未来进行投资，而不把未来交给上司。

忧的是，企业帝国将会瓦解，许多长期思考、终身规划、基本规则以及传统等，也都将随之消失。假如我们只是某个优秀项目团队的成员，而10年之后这个团队早已不复存在，那么，我们到底是属于哪个组织的？假如公司的成败掌握在项目团队手上，而团队由具有流动性的知识人才所构成，组合经常改变，那么投资人如何能知道所持股份的真正价值？

我也希望新的“公司公寓”并不只是一群受雇知识人才的暂时结合，更希望这些公司能发展出某些标准与某种生活方式。这种新公司都像个迷你国家，成员都以身为“永久公民”为荣，而不把公司当做是个人才能的“临时停车场”。然而，假如我们想把员工看做公司，而不把他们当做雇来的帮手，那么我们就必须赋予他们公司所拥有的权利，其中也许包括一些以前必须拥有所有权才能配合行使的权利。

假如我们开始进行这项工作，我们将可以看到一些新的转机。假如我们不做任何改变，恐怕我们的社会将会退化，形成一种短视、自私、投机的文化。若果真如此，少数人或许可以获利于一时，但大多数的人却将蒙受其害。

BEYOND 第21章
CERTAINTY

把你的企业变成“修道院”

我一向不喜欢“志愿组织”这个名词，更不喜欢“非营利组织”这个同义词，更明白地说，这两个词都不正确。大多数在大型慈善机构工作的人，不再是志愿人员，他们其实和英国石油或英国电信的多数员工没什么两样。他们是有偿工作，他们所做的固然是自己乐意做的工作，但是英国石油和电信的经理人应该也是如此。至于利润，这些组织虽然不分红，但却和其他任何组织一样渴求盈余。

如今，我喜欢称它们为“社会企业”，因为从大多数的角度来看，它们是企业。他们关心如何把“投入项”尽可能有效地转换为“产出项”，以符合“客户”的利益。这种定义用在任何企业身上都可以行得通。当然，那些利益都是某种社会利益，而且社会企业也无须承受一般公司分配股息的压力。但是，除此之外，它和一般企业没有什么差别。越来越多的社会企业了解这个道理，于是开始向外面的商业组织及商业顾问寻求协助与建议。

做生意要有使命感

社会企业要学的地方还很多。通常，他们必须发掘角色与责任的正确定义，并了解适当授权的艺术。如此，便无须为经营事业而不断地开会，这种事业不宜终日开会。

我学到一个道理：为理想而工作可以非常有趣，远比为持股人工作有趣。不久以前，我参加某个国际连锁饭店举办的一场别开生面的高级经理人研讨会。这场会议特别的地方在于：开幕演说的主讲人是一位来自法国普罗旺斯（Provence）地区天主教本笃会（Benedictine）修道院的神职人员，演讲的题目是“殷勤待客”（hospitality）。他解释说，他的修道院也是某种形式的旅馆，各色人等到他那里小住清修。他和院内同仁秉持圣本笃[①]的精神（其中包括殷勤待客）欢迎每位访客。圣本笃曾说，我们必须欢迎每人、各人和全人。这位教士还谨慎地解释：“人”包括男人与女人；而按圣本笃的意思，“每人”，意指总统与乞丐一视同仁。事实上，上个月在普罗旺斯，真的接待过这两种人。而“各人”的意义，是指每个人都要被视为个体，不应该将他划归为某个类别。至于“全人”，圣本笃希望确保访客不仅受到一般意义上的招待，就连他们内心深处的需要也都要予以满足，只要他们有意愿，就应该提供机会让他们对本身以及周遭的事物进行探索。他说，看到访客“焕然一新”地离去，感觉真好。

---

① 圣本笃是西方隐修制的始祖，他于公元529年在意大利建立了本笃会隐修院。——译者注

在场听众满怀欣喜，领受了这位神职人员的谈话。我可以看出，他们脑子里正在想，自己的旅馆也可以变得像修道院一样。这位教士把旅馆经营变成一种使命、一种社会事业。但是等到当天稍晚些时候，我住进该集团的一家旅馆时，竟然发现所有可以移动的东西都被用链子系在墙上，甚至连厕所的卫生纸也锁在金属容器内。看到这个现象，我内心不禁百感交集。后来经理向我解释："我们也是被逼无奈，因为有些顾客，只要是能拿得走的东西就偷。假如不把东西固定住，我们就会赔钱。"

热情过活

萧伯纳在《人与超人》（*Man and Superman*）中，准确地捕捉到了社会事业的精神：

> 这是人生真实的喜悦。能派得上用场，为自己所认定的伟大目标尽一份心力。受自然力量的驱使，而不是狂躁自私、自怨自艾的粗鄙之徒，只知怪罪他人未竭力来讨你欢心。

胸怀为伟大目标奉献的信念，可以发挥弥补效果，使人能够容忍效率稍差、待遇菲薄、环境恶劣。而且我们必须通过亲身体验，才能了解拥有这样一个伟大目标会带来怎样不同的感受。

对任何商业组织来说，首要责任之一就是让股东快乐。若漠视这点，将会给我们带来危险。但是让股东快乐算不上是个伟大目标，除非自己也是股东，否则将这项目标升华为一股热情，让股东暴得横财并无任何帮助。我们必须另外找寻其他的东西。我不知道那家连锁旅馆的高级经理人，如今是否会设法向员工灌输圣本笃的“殷勤待客”理念，使他们在整个事业的经营过程中，都把让顾客满意视为值得尊崇的行为。也许等到下一回我住他们的连锁店时，不会再被视为“粗鄙之徒”，或是可能在夜间行窃的贼，说不定我便能感受到他们因我光临而产生的衷心喜悦之情。

BEYOND CERTAINTY

第三部分

超越未来确定性

BEYOND CERTAINTY 第22章

工作新文化

工作世界的面貌正在我们眼前发生大幅变化。整层办公大楼人去楼空；整个管理层消失无踪；整队支援人员被告知，今后要自己支援自己。《华尔街日报》曾报道，在最近失业的人口当中，足足有75%的人是来自经理阶层、专业人员以及行政和技术人员。

经济不景气并不是罪魁祸首，经济衰退只是企业组织长期发展趋势中的短暂现象。全球市场竞争加剧才是促成这股趋势的原因。**价格战和质量战迫使企业削减人员，只留下核心工作人员，企业唯一的功能是满足客户的需求，而留下的核心经理人员，唯一的任务变成寻找并留住客户。**结果是：大批人员被挤出组织。不久之后，凡是与企业核心任务无关的员工，包括伙房、法律事务、会计、公关、艺术指导、安全警卫、银行经济分析人员、自动提款机维修人员等，会发现自己和老东家之间的关系已经改变（假如还有关系的话）。就某种程度而言，他们会成为企业外包支援网中的独立角色，像是临时工、按件计酬工、咨询顾问以及不同种类不同程度的临时或代理人员，各自发挥专长。

巨变的工作世界

从公司的观点来说，这种员工的“大挤出”（great squeeze out）势在必行。

假如公司每周只有两三天需要某种人才，为什么要让这些人全职上班呢？更好的方法是放他们出去，再支付工作费用请他们回来，而不是发给薪资。工作费用是做多少工作付多少钱，薪资却是依上班时间多少来发放，两者不尽相同。长久以来，组织内一直充斥着一种人，他们一天到晚设法创造工作，好让自己忙碌起来，并让办公室有点人气，但毕竟办公室每周有128个小时是非上班时间，经常是空空荡荡的。在从前市场竞争尚不激烈的年代，价格可视客户的负担能力而定，不像今天，要考虑竞争所容许的价格差异。在过去那种情形下，人员可以依传统的方式来上班，在一个主要借助双手从事组装的生产企业里，这样的安排也确有必要。但是在现在这个环境中，企业的生存主要在于运用众人的脑力，汇集知识与信息，经理人不必再监控空间、时间、工作三者是否合一。当然，与此同时，工厂也以机器取代了工人的双手，这些机器一周工作168小时，而且通常不会罢工。

无论怎么称呼这种现象，这种“大挤出”现象已导致工作的世界发生巨变，进而创造了新的机会与风险模式，迫使我们必须以新的方式来思索工作、薪酬以及人生的整体面貌。

最近的数字显示，在组织内从事全职工作的人，不到成年工作人口总数的一半，在欧洲和美国这个统计数字符合事实。其余的人包括自由工作者、小时工或临时人员、失业者、囚犯以及经济合作与发展组织（OECD）所提出的怪异类别——“无酬家庭工作者”（unpaid domestic workers，UDWs），这个工作以哪种性别居多，答案可想而知，显然是家庭主妇。事实上，如果考虑到“工作年龄”这个概念已无限延伸，起码延伸到 70 多岁，那么拥有传统组织内全职工作的人，比例还会更低。

这到底是怎么回事？本质上，工作世界的新面貌，就好像某种三环式圆圈。占据内圈与外圈的人，看起来似乎相当眼熟。核心里填满了公司的“圈内人”（insiders），包括好几个世纪以来，在商场上最活跃的经理人，那种把全部生命都交给事业的创业家；以及在创业家疲惫之后，接手经营的高度专业的经理人；还有全心奉献，力争上游，想要取代年长经理人的年轻人。在这个核心里的，还有技师、营销人员以及担任与客户之间的桥梁，了解并满足对方需求的销售人员。这个核心估计可以达到卓越的绩效，因为受惠于所谓的“1/2 × 2 × 3”新生产力公式，即正式有偿工作的员工减少一半，每人薪资加倍，生产力达到原来的三倍。

外圈则充斥着太多可以更替、淘汰的工人，这些人的情况可能最难以改善。我们常可以听到一句话“这件事该有人来做”，句中的“人”就是指他们——社会上那群最欠缺技术的职员、劳工和服务员。他们当中有许多人（所占的百分比也许会越来越高）因为没有能力为组织增添足够的价值，以赚取雇用他们的成本，因此，他们很快就会从劳动人口中除名，而成为整个社会的成本。而我们的社会最后是否要负担他们的教育与职业训练费用、雇用社会服务或警察人员的经费、囚犯的开销、无家可归者的收容以及社会福利支出等等，都是个值得深思的问题。

追求组合式人生

只有在中间那一圈，我们可以有些新的发现。在这一圈里的人，或出于自愿，或因环境所逼，成为在组织内工作，却没有明确组织内身份的人。我称这些人为“组合式人员”（portfolio people）。要解释这个词的意思，可以拿我儿女当年大学毕业时，我对他们所说的一句话为例：“我希望你们不要找工作。”我说这句话的意思并不是鼓励他们闲散生活。我的意思是，不应该急着寻找一个组织阶梯来往上爬，或者沿着一条专业路径前进，而是应该去发展某种产品、某项技能或服务，再把这些资产汇集起来，然后再为自己的“资产组合”寻找客户。

我并非以轻率的态度来提出这种组合式人生。未来，我们当中会有很多人或被迫或立志做出这样的选择。无论是哪种情形，一旦进入工作世界，就不得不重新思考人生的许多基本假定。例如：我们一向把自己的职业生涯比喻为一条“线”，和写自传时的结构一样，而且希望这条线永远向上发展。但如今，组合式人员再也无法思考自己的“工作线”，也就是担任某项工作之后，会继续担任另一项更好的工作，最后达到所谓的成功（或失败）境界。他们也无法思考其他“线”，包括家庭、乐趣，还有责任（对社会、个人专业或教会）等。而传统上，人们是以这些“线”，再加上工作的“线”，共同编织成自己人生的。

然而，组合式人生迫使我们转而采用圆圈型的思考模式，像是一幅饼状图，上面分割成好几个区间，每个区间各自代表不同的工作，而且涂上各种不同颜色，显示预期酬劳的类别和等级。某些工作的酬劳是金钱，某些则提供其他类别的报酬，比如：爱、满足、创意、权力、快乐，等等。当然，这张图会经常变化，各工作区间会根据所投资的时间而扩大或缩小，薪酬的颜色也会根据投资回报率而出现浓淡变化。而且，这种变化不能只以人生中的一段岁月来观察，必须逐周乃至逐日注意它的变化。

全人式生活

有人也许会称此为一种“全人式”（holistic）的生活，让它沾点“新世代”的调调。但是在我看来，这倒比较像我在爱尔兰乡间长大时人们所过的生活。我从来不知道有哪个人离家到办公室上班。在我认识的人当中，包括在自己田地工作的农民、在自己起居室为病人动手术的医生、住在店里的店家老板、住在学校里的老师，或类似我父亲那样住在教堂旁神职人员公寓的神职人员，他们这些人向来把家与办公室、工作与嗜好、同事与玩伴，统统混在一起。也许历史已再度循环回原点，但是，把组合式人生比作饼状图也好，比作小乡村也罢，它都将迫使我们改变对“工作”的看法。

对从事组合式工作的人来说，工作如今有了一层新的意义。组合式人员以类似建筑师或新闻工作者的做法，把一份份“作品”放入文件夹，然后拿着“样品”推销他们的服务。有些时候仅靠一个客户、一件案子，就足以把整个组合填满。许多人在工作最初的阶段，为获取经验和成长，而固定为一家组织工作时，尤其会发生上述这种情况。然而，随着我们必须花更多时间与精神，去承担养儿育女等其他责任，而且个人的权力与兴趣也日渐扩充，我们的组合便会日趋多样化。通常，重大的事情永远不会进入我们的组合。也不会有人提示我们，哪份工作容易做，哪份工作待遇高，哪件工作是为了爱而做，哪件工作是替客户或原创者缝缝补补，又有哪份工作其实是协助性的。

这种崭新的工作观已逐渐散布开来了。公关人员、营销专家，甚至项目工程师和销售经理人，对自己的看法都越来越像演员对自己的看法：他们不断在新戏中寻找好角色，而不是期待随便找个角色，永远扮演下去。另一方面，组织若想留住最好的人才，便需不断提供一系列的好角色。对于最优秀的组合式人员，仅提供医疗保险是不够的。他们会希望迎接挑战，希望在专业领域中有发展的机会，也希望有好待遇。哪个地方能够提供这些，他们就会往哪儿去。

“自雇工作者”的诞生

我们当中有越来越多的人已变成经营自己资产的“自雇工作者”。从某层意义上来说，这个新族群是由女性所形成，为女性而形成，也属于女性的。这一点都不足为奇，女性向来较少被吸收进入组织的“内层”，只因为那个地方一直都不欢迎她们。此外，女性的生活也必须特别有弹性，必须设法寻找工作、家庭、社区三者的组合方式。还有，女性似乎也比男性更清楚，如果希望实现任何人生目标，就必须采取主动，努力来达成，男性则通常比较被动，愿意顺从制度的安排。

在我看来，有件事似乎是确定的：那就是总有一天，我们每个人，不论男女，也不分公司圈内人或圈外人，都必须有自己的组合。

现代人的寿命比较长，现在70岁的人健康情况可能和上一辈50岁的人差不多。而且，也可以预测将来个人从组织退休的年龄只会提早，不会延后。在21世纪的组织里，由于彻底实施人力精简，退休年龄将设定于55岁，甚至更低。当然，对这个年纪的人来说，“退休”实在是个荒谬的字眼。大多数人在所谓的“退休”之后，都还可以继续再开开心心生活20年。

法国人把这个阶段称之为“第三阶段”（The Troisiéme Age）。按照他们的说法，人生最初是“学习阶段”，其次是“工作阶段”，再接下来的第三阶段是“生活阶段”，但是在这个阶段生活不完全等于休闲，而且，除非我们十分富有，否则也不可能完全休闲。“第三阶段”的生活内容将包括工作在内，最好是我们自己选择的、能让我们觉得有用有价值的工作。在这段几乎占我们工作生涯一半的时间里，每个人实际上都将从事组合式工作——东做一份，西做一份，大大小小，时有时无，忙着找的是客户，而不是工作。

身处在第二阶段且即将开始为第三阶段预做准备的人，也许是最能够享受第三阶段的。因此，凡是尚未开始的人，都应该及早品尝组合式工作的滋味。

聪明的组织应该能容许“圈内人”做点外面的事，让他们为结束工作之后的人生预做准备（例如：英国公司也许可以鼓励它们的高级经理人，开始担任东欧国家的顾问）。假如公司不这么做，他们会发现，许多“圈内人”明明已不能再发挥功用，却仍然占居职位，不肯离开，因为他们对于寒冷的“外面”心存恐惧，所以就待在他们唯一熟悉的世界中，捕捉虚假的安全感。

除非我们实际去尝试组合式工作，否则难以预做准备，而尝试其实并不难。如今，要维持工作组合，再也无须事事自己来做。过去，唯有在巨型组织才找得到的大量知识，今日的女性只要借助新科技，敲几下键盘就可以轻易取得。

不久前，我在寻找停车位时，发现有位仁兄坐在他车子的驾驶座上。我问他：“你会待很久吗？”

他答道：“我估计要3小时。”

然后，我发现他汽车里有汽车电话、笔记本电脑、传真机，统统放在他旁边。我说：“天哪！你把整间办公室都搬来这里啦？”

他说：“没错。在这里停车，费用要比到楼上租办公室便宜。”他手指着我们后面那栋高耸的办公大楼说道。

还有其他大同小异的情况。比如几个星期前，我接受美国马里兰

州巴尔的摩市（Baltimore）一个晨间广播节目的电话访问。当时我其实身在英格兰东部的沼泽区，当地时间是傍晚。如今，我们若要交换信息，无须待在同一个地方，甚至也不用在同一个时区。

由于把全部的人聚在一起，通常所费不菲，所以社交活动将来势必会减少。不过话又说回来，工作场所的社交活动，本来就有逐渐减少的趋势。上个月我参观一个炼糖厂，过去这个厂有 150 名工人，大家围着巨桶铲糖浆，而如今，一切都改由机器代劳。同一时间只有一名工人当班，负责注意仪表指针是否正常，他身旁有一部电话，可供紧急时联络工程师之用。值班员工的待遇不错，只是必须忍受孤寂。

以自由交换安全感

在如何实现组合式人生方面，我们也可以效仿组织。假如位居高位者不必再事必躬亲，我们也可以如法炮制。每家公司，无论大小，如今基本上都像是一位经纪人，将其他人的技术及产品衔接在一起。例如，我那担任设计顾问的女儿，每当需要设计人员时，就会去雇用这些人。现在新的生意形态是首先提出某个针对顾客的构想，然后有人负责做中介，找人来实现这个构想，最后，再将实现的构想成果交付给顾客。提出构想和做中介都不需要花费太多的资金，需要的只是想像力和倾听（客户）的能力，以及运用他人力量来实践构想的活力与能力。

组合式人生不见得合乎所有人的口味。它以牺牲安全感为代价，换取最大的自由，这是一种古典式的条件交换。诚如一位经济学者描述组织用人问题时所说的，自从“老板、从属关系、例行公事”的游戏消失之后，许多人就完全陷入了茫然状态。一旦没有人员和公文可以催，有些人便不知道自己该做些什么；而同样，一旦没有人来催时，有些人硬是不知道自己该做些什么。这两种人都处于所谓的“依赖组织”状态，都是为他人或某个系统所“使用”的人力资源，都是“人手”。

无论结果是好是坏，绝大多数人未来都将过上这种组合式人生。组织再也不会储备人力，就业市场正在萎缩。如今需要新的模式，需要有人来扮演新的角色，让新的方式不至于太吓人。政府必须改造，痛下决心思索如何培养儿童，让他们长大时能有某些东西可以卖给社会，也有某些东西可以贡献给社会。政坛人士也应当深思，在新的秩序下，如何使无助者与失败者不至于受太多苦，或者带给社会太多的痛苦。

BEYOND CERTAINTY 第23章

关于时间的新改变

该是重新思考“时间”这个问题的时候了。

好几个世纪以来，英国人安排时间的方式可以说是一成不变。男人从周一工作到周五，早上9点上班，下午5点下班，星期六有时也要上班。女人工时更长，但有大部分的工作是在家里进行的。虽然偶尔要加班或轮班，但是那些都是额外的工作或是特殊情况，而且她们会因此得到酬劳。每年有两周（目前可高达五周）的年假，还有八个法定假日。男人65岁退休，女人60岁退休，然后理所当然地依靠养老金安静过活，直到生命终结。学校有漫长的暑假，让学生回家协助收割，也让老师的脑子得到休养。除非你经营园艺中心或者拥有特别执照，否则星期天不能营业。我们都知道什么时刻该做什么事，也知道什么样的人会在什么地方出现。

今天一切都变了。伦敦近郊旺兹沃思（Wandsworth）地区的学校，即将改为一年5学期，每学期8周。每个星期日，商店营业到晚间9点甚至10点。金融业从业者不仅配合伦敦的时间，也配合东京和纽约的时间。许多类型的工厂都是24小时工作。有的做法类似炼油厂，有的则像医院、监狱、部分航空公司、铁路以及邮政服务组织的做法。似乎突然之间，我们才恍然发现一周原来有168小时，而非40小时，而且资产不需要因为人睡觉而跟着闲置一旁。然而，这项改变对需要睡眠的人类来说，影响实在很大。

时间比金钱宝贵

于是，每个地方的每个人，都开始重新切割时间。有人出于自愿，有人出于必要。目前，有些人将一生的工作时间压缩为30年，每周工作65小时，而将大多数的休闲生活延后至人生的第三阶段。还有些人羡慕拥有那样的机会，因为他们在不情愿之下被迫“休闲”，这种“休闲”又名失业。越来越多的人只把少许的时间卖给组织或客户，成为兼职人员或独立工作者，而且似乎多半都喜欢这种方式。在当前英国600万名兼职人员（占总劳动人口的1/4）中，10个有9个都说他们不想做全职工作。这批人多半不是家庭的主要经济支柱，换句话说，多半是女性。不过，即使在全职工作人员当中，希望在工作生涯的某个阶段改为兼职人员的，也高达1/3。有些时候，时间可能比金钱更宝贵。换句话说，我们多半希望对自己的时间能有更多一点的控制权。随着组织将越来越多不确定的因素外移到劳动人口身上，显然组织也有相同的愿望。表面上看起来，这个阶段容易产生某种矛盾，但是，只要我们用心，新产生的弹性也许对每个人都有好处。

帕特里夏·休伊特（Patricia Hewitt）在她的重要著作《关于时间》（*About Time*）中，详细列举出各种数字，并针对如何在组织内切割时间或安排工作计划，提供了一长串新方法。当然，其中包括实施弹性上班制，以及推动每周上班35小时。在书中，休伊特为我们指出了这样的可能：

> 每个工作日减少上班时间1个小时，或者星期五下午不上班，或者两星期上班9天。我们甚至可以尝试部分工时制、职位共有制、固定期限工作、周末工作、每周工作4日每日10小时、每两周工作8日、年度总时数契约（公司有需要时必须随时配合）、育婴假、工作中期长假、每7年给1年年假、时间储备（跨越数年累积例行假期）以及个人时间契约（个人与老板协议，每周或每月的工作时间表）等一系列制度。

工作方式更有弹性

分割方式增加，个人选择增加，组织弹性增加。表面上看起来似乎对每个人都有好处，但实际上并不是那么简单。严格说来，男性与女性的人生和工作周期并不相同。女性很难同时既操持家务，又留在组织核心每周工作65小时。等到她们能够再度承受这么长的工时时，公司往往会说她们年纪太大或是已经落伍了。男性若需负担家计，通常喜欢这么长的工时，因为可以增加收人，但是他们也希望将来能够减轻重担。有讽刺意味的是，假如把核心工作切割成如此大块，如此一视同仁，毫不通融，结果将会排除掉许多最优秀的人才——因为在当前大学毕业生中女性就占了一半。我们必须让那些核心工作在时间上更加有弹性。例如，允许员工每天或每周有部分时间以家为工作基地；把注意力放在结果上，只要工作准时完成，品质达到标准，就不要过度在意进行工作的时间与地点；或者，设法让员工轻松从核心工作转换成组合式工作，再回到核心工作。

所谓的组合式工作，主要的概念是把一个人的工作当做是由许多项目、客户或产品汇集而成的组合，其组成内容则随时间而改变。由于越来越多的人或自愿或被环境所迫，而在组织外工作，越来越多的人把组合式工作当做是一种工作选项。目前英国的潜在总劳动人口当中（包含有工作意愿而无工作者），只有 55% 拥有组织内的全职工作。随着组织逐渐精减至最低的程度，此百分比可能会继续降低。其实，如果再加上所有正值工作年龄，正在工作，却因为他的工作是照顾家庭或亲人，所以没有领取薪水的成年人，那么我们便会发现，如今绝大多数的人都是组合式工作者，全职工作者反而变成少数。事实上，诚如帕特里夏·休伊特所言，“朝九晚五”或两头可增减一两小时的传统模式，如今只适用于 1/3 的英国劳动人口。如今的上班时间已和过去不同，而且我相信，再也不会恢复原状。

用想象力安排时间

因此，无论是个人还是组织，都需要运用更多想象力，更积极地去思考如何切割自己的时间。这么做可能颇具启发性。身为组合式工作者，我在几年前重新安排自己的时间。在一整年的时间中，我分配125天给教学与行政工作，分配100天给研究与写作，这些是我赚钱的途径。另外我还拨出25天，用来实现抱负，发挥热忱，以及偶尔创作出一些好作品。如此一来，还剩下115天，可让我休闲、放假以及过家庭生活。有位朋友说："你的生活真舒坦！我想这就是当知名作家的好处！"我请他把自己每周两天周末假日，乘以一年52周，再加上8个法定假日、25天年假，然后，看着他恍然大悟，原来他和大多数所谓全职工作者一样，假如愿意利用的话，一年可以有137个休息日。

然而，我们必须认清，在将来的劳动人口当中，每个人每年所能从事的有偿工作，不见得填得满225天。假如我们当中大多数的人都跑到组织外，又要到什么地方接受训练？要怎样积存退休年金？生病了怎么办？能不能有假日？谁来帮助我们协商工资与工时？假如政府以为只要经济回升，这些问题便可以迎刃而解，那可就大错特错了。新兴的"极小化"组织将会继续存在。有人以为，由于组织外的人力比较便宜，所以英国反而会变得更有竞争力。如果政府抱着这种想法，而觉得一切都无所谓，恐怕有典当子孙前途之嫌。此外，假如他们以为，我们每个人都有足够的责任感，也有足够的远见，所以会自我训练、自我资助、自我规划，那就太高估了大多数人。

如今我们有机会针对自己的需要来安排时间，并且可以在人生不同阶段，用各种不同的方式来调整我们的时间安排，这种机会是我们祖父母那一代不可能有的。但是，如果因为我们没有注意到，或者以为机会不需用心经营，而将其弃于一旁，那就未免可惜了。

BEYOND CERTAINTY

第24章 女性当道的日本职场

日本的就业人口此刻正面临巨变，女性正逐渐加入组织，并且对组织现行的工作方式，投以揶揄的眼神。日本学者岩尾教授在英国皇家艺术、制造与商业促进学会（RSA）所做的一场精彩演讲中如此说道。

现任庆应大学社会学教授，曾任教于哈佛大学的岩尾教授非常清楚这个事实。她曾针对女性角色正在经历的快速变化做过一些出色的统计。

统计显示，日本女人不再接受宿命。过去日本女性大多在24岁结婚，然后为她的"工蜂"丈夫（岩尾用语）照顾小孩、照顾家庭。今天她们平均结婚年龄为26岁，在东京更高，达31岁。妇女平均生育子女数为1.6人（全世界出生率最低的国家之一）。而且，由于21~39岁的人口当中，男性比女性多出250万人，所以在选择配偶的问题上女性可以精挑细选。

日本女性，职场新贵

然而，女性往往不愿像男性一样，每天把16个小时花在工作上。更确切的说法应该是花在工作岗位上，因为其中有好几个小时是花在社交上，而不是在做事。她们也不愿像男性一样，以40年光阴，献身“比全职还全职”的工作，然后度过一二十年空虚的退休生活，因为他们除了工作以外别无其他的兴趣。她说：“我们对这种退休的丈夫有个专有名词，把他们叫做‘湿叶子’，你知道湿叶子是怎么回事——黏附得紧，扫都扫不走。”

今天的日本女性，追求的是一种比较平衡的生活。她们相信工作可以安排得更有弹性且更有效率。她们不把工作机构看做是自己族类的聚集处，也不会凡事皆把工作放在第一位。还有更多统计资料佐证她们的看法。最近有份调查显示，假设英国上班族平均每小时生产力为100，那么日本上班族平均每小时生产力为60。日本人只不过是工时较长，或者如岩尾教授所言，他们在工作岗位上的时间较长，假放的比较少，回家比较晚。

岩尾教授还认为，虽然日本企业不见得喜欢雇用女性，但他们需要女性。和所有工业化社会一样，日本的年轻人不足，尤其是缺乏有才干的青年。当前，女性的教育程度和男性相当，事实上，女性上大学的更多。雇用这些受过良好教育的人来担任秘书，或做泡茶小妹，然后在24岁时，把她们逐回家庭，简直是荒唐之举！

当晚听岩尾教授演讲的听众中，男性（英国人）就占了一半。她谈的是日本，但发问时间的前30分钟没有一位男士发言。显然她这一番针对日本的谈话，与英国的现状存在某种关联。

组织越来越贪婪

传统上，我们在对组织的设计中只考虑到了男性的需要。许多流行的管理理论都主张，工作场所要有一种能涵盖全体的文化。受到这些理论的鼓励，我们开始仿效日本，只不过针对英国的民族性把它加以简化，没有公司歌或公司操。我们为组织瘦身，使它没有累赘之处。可是在这一过程中，我们却使组织变得更贪婪，贪求我们的时间，对我们的热忱索求无度，且乐于为高成就的工作狂创造出一个"家外之爱"。在这样的大工作环境下，女性如果希望受到欢迎，就必须接受这些价值观。换句话说，就是向男性的行为看齐。

假如岩尾教授说的没错，日本人无法以此为满足，而我怀疑，恐怕英国人也无法以此为满足，我们需要某种逆向思考。过去我们一向要人去配合工作，如今，由于人才变成公司的重要资产，因此我们也许必须让工作来配合人。

独立工作团队

若要让工作配合人，一种可行的做法就是将组织的工作分割为许多独立的任务或项目。例如，在某些保险公司中，文件并不在部门之间传来传去，而是由一名项目承办人来全程负责，只有在必要的时候才会借助他人的专业知识，如此一来，原本 20 天的公文旅行时程，有时便可缩短为两个小时。项目承办人也可以是个团队。这种安排，不仅让项目承办人可以对工作进行方式拥有更多的决定权，甚至让他有权决定工作的时间与地点。

假如我们找不到这种弹性做法，便得承受风险。组织有过度贪婪之虞，妇女因而被迫在职业与家庭之间选择其一，也许有许多女性决定选择职业，以及长久以来由男性独享的生活形态，但是这可能会造成人口危机。部分社会精英不愿生育，即使生育，也以一个小孩为限。妇女平均生育率为 1.6 人，将导致日本在一个世纪内，变成一个逐渐萎缩的老人国家。届时，真的会出现所谓“父债子还”的情形，因为挑担子的人减少了，负担却有增无减。

BEYOND CERTAINTY

第25章 从枪支管理法看美国

走进波士顿洛根机场（Logan Airport）的安检口时，你会看到有张大型告示牌上写着："所有枪支均须申报。"当时我的第一个反应是，这种安全检查的效率恐怕有问题——为什么不能用仪器探测呢？而我的第二个感觉则是，所有的公共场所都禁烟，却准许公民四处携带枪支，这样的社会实在令人担忧。

人人拥有自卫的权利，而且基于这个目的而有权携带枪支，这固然是美国传统的一部分，不过，这个传统还有另外一层意思，就是：人人有义务照顾自己。

这份必须为自己的人生以及命运负责的义务，让越来越多的美国人开始担心，因为他们发现，自己已陷入非自食其力不可的地步。在大多数中等收入的美国人记忆中，他们上班的机构，就某层意义而言是"他们的"，组织不仅提供一份中等收入，并承诺这份收入将可持续下去，还会附带有健康保险。对于只能追求中等收入与地位的人来说，他们的梦想寄托在上班的组织里，那里有个阶梯，等着每个富有进取精神的人去攀爬。在组织里发展，每个人都有潜力在郊区买栋房子，养两个小孩，拥有两部车，如果愿意的话，还可以持有两把枪。

渐行渐远的美国梦

不过，形势已经改变了。尽管经济快速复苏，但对许多人来说，所谓的“美国梦”似乎越来越遥不可及。这一代的家庭必须有两份薪水，才能享有上一代单份薪水即可提供的生活水平。随着组织逐渐向核心收缩，且集中力量求取短期生存，它再也不能充当人们永久的家。

中等收入的经理人开始感到痛苦。阶层比他们低的人情况更糟，因为过去吸引众多美国人攀爬的机会阶梯，如今在第一阶梯以上就全部断裂了。在过去，组织是个出发点，是一个人接受工作训练，学习如何工作的地方。而如今，身为个人创业家，这一切都必须在组织外实行，人们必须全权负责自己的训练、发展，当然也要负责自己的收入。一般人过去并没有针对这方面做准备，许多人一时之间更是无法应付。

目前的美国比两年前更繁忙，紧张和压力也随之升高。美国逐渐变成一个由肥猫与腐食动物所构成的国度，但肥猫担心无法吃饱，腐食动物则为求生存而慌乱抢食。曾经有人保证，美国将会变得更祥和、更温柔，如今要实现这项承诺似乎变得更遥远了。

以中小企业经营者为对象的美国《公司》杂志（*Inc*），最近刊登的一篇文章标题为：“不是同一个美国”（It’s not the same America）。有鉴于越来越多的人必须以独立工作者的身份来开创新的事业，文中列举了许多阻碍创业的原因，包括法律对小型及新创企业的约束过多，行业遭到垄断，初期资金取得受限制，社会福利影响储蓄及创业意愿等。文中更指出，最为关键的一项因素是：公共教育体系所培育出来的学生，准备不足，无法面对多变的未来世界。

适者生存的经济体系

在经济体系变得越来越复杂的同时，达尔文的“**物竞天择，适者生存**”的原理也越来越适用。专业技能高超的人可以飞黄腾达，有专业技能的人可以存活，没有专业技能的人就会被淘汰。达尔文指出，物种将会设法自我调适，以求取生存，但必须历时好几代，而许多物种甚至在还没有调适过来之前就已经灭亡了。

人们都知道，针对这一切障碍以及未来所将面临的独立生活，我们应该提出应对之道。这件事说起来很容易，可是，这么做既要花钱、耗时间，也要下一番苦功，除非我们改变心态、变化心智，否则根本不可能做得到。如果人人依旧只考虑自己，如果物质主义的计分板，依旧是衡量成功与荣耀的标准，世界仍将是短视、牟取近利、充满自私、缺少关怀的。短视最后会让我们自作自受，把原本可以是客户的一些人变成社会的累赘，而我们自己原本可以是他们的恩人，却变成了他们加害的对象。最近有项调查显示，70% 的强盗及暴力犯罪都是失业者对富人心怀恨意所犯下的。我确信这不是巧合。

重建社区意识

我希望另一件事也不是巧合：最近有本新书登上美国畅销书排行榜——埃泽奥尼（Amitai Etzioni）所著的《社区精神》（*The Spirit of Community*）。这本书呼吁重振社区意识，并使其与时下猖獗的直觉式个人主义相平衡，我相信这本书必定会引起共鸣。但我认为，之所以会共鸣或许并非是因为“社区”一词提供了完美的解答，而是因为许多人的确相信，无论是对个人的人生，还是对企业来说，追求金钱绝对不是唯一的目标。他们相信，除了金钱以外，应该还有，也必须有其他衡量成功的标准。他们也相信，“社会”毕竟是存在的。**假如承担责任的全部意义就等于持枪自卫，最后每个人都将中弹身亡。**也许这一回，英国可以让美国引以为鉴。

BEYOND CERTAINTY 第26章

寻找一个理想的世界

“先生，晚安，麻烦检查一下好吗？”

听到这句话时，我很不高兴，好像我有危害治安的嫌疑似的。可是，说这句话的女士，只不过是要求在我的停车证上盖个章而已。这是当年我在美国洛杉矶的经验，人在异乡，必须重新学习当地的语言。

那个地方的工作效率高得令人咋舌。

艾维斯租车公司（Avis）的工作人员，手持一件连在腰带上、看起来像手机的仪器扫瞄我的车子后，收据就立刻从这仪器底下跑出来，全部动作在一分钟内完成，和广告上说的一模一样。莲蓬头射出的水强劲有力，把我冲退了好几步。冰箱大到可以让一个人舒舒服服地坐进去。而且，似乎家家户户都有一个可供百万富翁使用的厨房。一切都不时在提醒我，这是个富裕的国度。

消失的美国梦

然而，曾几何时，这个国家不再是一个人人可以过富裕生活的地方了，梦已消退。美国已不再是个充满乐观精神的国家。过去，我每年都会去那里，打一剂心理的荷尔蒙，吸收一些狂热的激情，然后带着“只要够努力，天下没有不可能的事”的信念，返回英国。

但如今，那个国家充满了太多悬而未决的问题，太多不确定性，太多惊吓。美国前总统里根曾保证，降低赋税与提高政府开支可以并行，但现实证明他的话错了。

工作本身，以及唯有工作才能买得到的安全感，同样令人忧虑。人们在震惊中开始醒悟，组织不再是从前以为的避风港，而金钱以及金钱能买到的东西也无法带来安全感。

20 世纪 80 年代末期，劳伦斯·谢姆斯（Laurence Shames）在他的著作《渴求更多》(*The Hunger for More*）中指出，只有能够被计算的才算数。高级轿车、华屋美厦、名牌钢笔、游艇、豪华假期等都是成就的象征，人们对这些成就象征的崇拜，逐渐超过对成就本身的重视。

但是，有位腰缠万贯的零售业者却告诉我：“赚这么多钱又有什么用？”今天，有些美国人和他的想法一样。市场毕竟无法为每样事物都标上价格。金钱买不到所有的东西，包括美满的家庭生活、阅读新鲜的文字、增添他人的人生智慧，乃至于夏天傍晚到河滨散步、与老友交谈、睡个好觉等，都是用钱买不到的事。

我在美国主持研讨会时，一名法国学生以法国式的简洁措词，带着几分傲气，代我下了个结论：“美国人知道如何推动事情，但不知道如何生活。法国人知道如何生活，却无法推动事情。”两者难道真的不能相容？

美国的希望在于，如今出现了另一种“更多”。虽然很多人仍然以追求更多财富以及更多成就的象征为目标，但那些人的观点不再是时代的主流。谢姆斯说，如今大家更能欣赏市场以外的好东西，更注意背后的目的，更有选择人生（不仅是生活形态）的决心。这些“更多”的新指标，也许将开拓出美国的新疆界。

希望果真如此。美国一向领导世界走向未来，但是我们无须盲目跟从。我可不希望未来我们的社会是个鼓励诉讼的社会。比如说，万一我们在雇主举办的宴会上喝醉酒就要告雇主；如果我们的 6 岁小孩在邻居花园玩耍时摔断牙齿，便要告邻居。

即使是美国人，也不见得总是遵循自己的传统。不过，我们应该汲取其传统中的精华，比如说，他们主张不分男女，人人生而平等，而且为自己的命运负责。我们不该再以为出身背景会对我们造成无可补救的限制；也不该再觉得自己的境况能否改善，要靠别人来决定。无论是在生活还是工作中，我们要能够而且应该尽可能建立起自己的目标。等待“他人”来为我们安排，无异是“等待戈多”[①]，而戈多终究是不会来的。

---

① 《等待戈多》（*Waiting for Godot*），爱尔兰文豪贝克特（Samuel Beckett）小说名。——译者注

萃取欧美长处

我们应该效仿美国往昔的拓荒精神。拓荒者们认定有个更新更美好的世界尚待建立，认定黄金时代不在遥远的过去，只要努力行走、努力工作，翻过地平线就是黄金时代。这是一股接受风险、不怕犯错、承担责任、期待报酬的拓荒精神，过去如此，现在仍是如此。

我们欧洲人可以在这些传统之外，另外再加上自己的传统。首先是历史感，其次是不一样的时间观。“看近不看远”并不是欧洲的传统。此外，还可以再加上一项传统，那就是欧洲人并不认为人人都必须当拓荒英雄，而是肯定弱势者也有其角色与贡献，也应该受到爱护与保障，而我们的双亲、祖父母乃至于曾祖父母，都包括在内。

我们也知道，后世对于某个社会的最终记忆，往往是它如何花钱，而不是它如何赚钱。当然，我们首先要赚钱，尽可能多赚。但也必须知道，获利只是第一步。我有时觉得，如果能记住这个事实，我们的组织、政府以及每个人都一样，都将会表现得更为出色。

欧洲和美国，两种传统，两种文化，而我们这两者都需要。但愿我们能萃取两者的精髓，而不要只拾得两者的糟粕。

BEYOND CERTAINTY

第27章 是否应该缴更多的税

最近，我参加了一场有趣的发布会，主题是欧洲与美国的薪资水平。会上展示的几张幻灯片颇值得分享。第一张幻灯片展示了高层及中层经理人的税前总收入。不出所料，第一级的国家是瑞士、德国、奥地利。令我意外的是，美国属于第二级，英国则屈居第三级。

第二张幻灯片的内容是比较边际税率（marginal tax rates），也可以说是各国最高税率的比较。第一级的成员仍是瑞士、奥地利、德国，再加上瑞典。英国仍是第三级，但这一回排名非常靠后，几乎是全欧洲最低的。

第三张幻灯片则记录各国的国民生产总值（GNP）。排在第一级最前面的，还是瑞士、德国、奥地利。英国则在第二级中处于垫底的位置。叫人很容易联想到这三张幻灯片之间存有某种关联。

换句话说，第一级的国家是否在偶然间进入了某种“上升螺旋”

（upward spiral）？个人税前总收入高，所以在缴纳较高的税之后，仍然可以过着富裕的生活。国家征收高额赋税，则可用来改善基本建设（尤其是交通、电信、教育）的品质，而改善基本建设的品质，则有助于提升生产力，使个人得以享受高薪，此螺旋循环逻辑恐怕有待证明。

英国则适用于另一种循环。从幻灯片上的数据来看，似乎低税率的环境，使我们可以采取低薪战略，进而降低人工成本。但实际上，低税率造成国家经费短缺，导致教育品质落后，通信设备不佳。于是，员工人数增加，生产力降低便成了不可避免的结果。

低税率的迷思

低税率照理来说应该能促使人们工作更勤奋、工时更长，因为他们越努力，实际报酬就越高。

同理，拥有并经营组织的人将发现，假如现在拨出一部分利润投资于教育及培养员工，最后所获得的利润会更多，同时也会减轻纳税人的教育负担，并且有可能进一步降低赋税。

这是个美丽的愿望，但是很不幸，并没有可靠的证据显示，税率降低能让人们工作更勤奋。事实上，证据所呈现的，似乎是相反的情形。高税率使得我们必须格外努力，以赚得足以维持生计的收入。没有人会拒绝减税，谁能抗拒做一样的工作，而拿更多的钱呢？但是真正激励人的还是税前总收入，而不是税后净收入。不信随便找个人问他赚多少钱，看看是否有人给的答案是缴税后的薪水？恐怕还有人不知道缴税后的实际收入的金额是多少呢！

然而，低税率的角色，是所谓的“保健因素”（hygiene factor）[①]。保健因素或许不具有激励效果，却可以提高某个团体对人才的吸引力。英国由于边际税率较低，已吸引了一些海外富绅名士重返故土，这点会鼓舞当地的人才，让他们觉得加入这样的企业比较值得，这是一则好消息，而且，很可能是必要的第一步。不过，我们的当务之急，还是必须改变我们的“螺旋”。有位企业总裁说：“人员减半，薪资加倍，生产力三倍——这是我的成功秘方。”这对英国来说，也是一剂良方。理论上，这类公司会衍生更多同类的公司。

阻断螺旋行进，是一项艰巨的任务。我们没有办法先将薪水加倍，然后再期待其他变化跟着发生。我们也无法先将税率加倍，这么做既不受欢迎，也不会有效果。彻底改变资历结构，所花代价不会太高——只要企业和政府提供若干经费、略做安排、下定决心，就可以办得到。只需 10 年，我们便可以开始提高薪资，并要求更好的工作。说不定也会有能力缴纳更高的税金，而看到螺旋开始向上爬升。

① 管理学名词。有这种因素存在，并不会令人满足，但缺乏此因素，却会令人不满。——译者注

第28章 对诚实的最后礼赞

美国前总统克林顿才宣誓就职总统没几天，就失去了前途看好的检察长贝尔德（Zoe Baird）。贝尔德之所以广受赞誉，不仅因为她的个人才能，更因为她是克林顿实践他“机会公平”承诺的具体象征，但是她辞职了。

贝尔德究竟犯了什么错？她明知故犯，雇用两名非法移民做保姆。然而，这项错误行为本身并不是重点——重点在于她对这件事的态度。她承认这是“技术性”错误，但不应该因为这种小事情就要她辞职。她的想法似乎是每个人都这么做，而她并非特例。更何况大家都知道其他人都在这么做，所以她并没有犯错。结果，她遭到弹劾。她不仅模糊了是非，而且她似乎认为凡被征召担任重大职务的人，都应该比一般升斗小民更加情有可原，因为他们会有较多的贡献，这种说法听起来傲慢无礼。

克林顿没为她辩护是对的。民主社会的基础是尊重，尊重法律、制度以及社会的每个成员，即使身居高位者也不能例外。如果生活中某个部分失去了尊重，很快地就会扩散到其他部分。尊重就像玻璃一样，一旦出现了裂痕，再也无法完全修复。

诚实换来尊重

某家北美公司的董事长曾给我讲过，该公司与某家日本电话公司结盟的一段经历。

> 日本人负责制造电话，美国人则负责制造电池。他们的新产品才推出没多久，就传来有部电话在一位日本客户耳边爆炸的消息。他说："我们与律师召开紧急会议，然后等待法院传讯。可是，什么也没等到。一星期后，我们小心翼翼地向外试探，并打电话给日本的合作方。我们说：'告诉我们最坏的情况。谁控告谁？要求赔偿多少？''噢，没什么问题，没有人提出诉讼，'对方答道，'我们总经理在事发之后，立即赶到医院，提出道歉并宣布辞职，整件事就此落幕。'"这位北美公司董事长说："换作是我们，会承认我们的法律责任，并准备接受巨额赔偿。但仅止于此，绝不会登门道歉，也更不会递出辞呈。"

这是双方法律传统不同所造成的结果。我们从不解释，也从不道歉。更重要的是，即使全世界都知道发生了什么事，还是不会辞职。任由他人窃笑，或在背后讲闲话，管他谣言满天飞，都比承认错误并且接受后果来得好。此外，我们每一个人都太有价值了，不能因为区区小错而牺牲。然而，我怀疑这样做是否真的比较好，因为带来的后果是我们无法逃避的——那就是失去他人的尊重，包括我们的同事以及下属对我们的尊重、客户对我们的尊重，以及社会大众对我们的尊重。

为通用汽车打头阵的土星公司（Saturn）发现新车型的燃油系统有瑕疵时，他们的做法并不是召回已经售出的12 000部车，而是将崭新的同型车送交给那些目瞪口呆的车主，换回瑕疵车。结果如何？他们赢得了12 000名土星汽车使用者的更高敬意。

诚实往往会得到报酬。众所皆知，真诚的道歉——不是英国航空公司（British Airways）那种推卸责任式的道歉，而是迅速、诚恳并附上丰厚赔偿的道歉，往往可以赢得忠诚。有些时候，要客户死心塌地，最好的办法似乎就是先把事情做错，然后再把事情做得非常好。

贝尔德症候群

恐怕不是只有我一个人认为，“贝尔德症候群”正在位居高位者之间散布，这种症候群的患者认为，有价值的人以及重要的机构所犯的小错，应该获得原谅。恐怕也不是只有我一个人经常批评位居高位者说：他们早该在知道有人进行欺骗行为的时候，就立刻予以制止；如果他们不知道，那更不应该。恐怕也不只我一人，为了幽默感及责任感的消逝而感伤。

这一切并不只是一个垂垂老矣的旁观者所发出的怀旧呻吟。我了解，在紧张忙碌的生活中，不犯些错误或做些羞耻的事有多么困难。针对可能出任美国高级公职者所设的审查标准，一般凡夫俗子很少过得了关。然而，如果大众对领导阶层没有敬意，这个社会便随时可能解体。当前，我们许多机构、法律、城市、政府及企业都越来越不受敬重，部分原因就是：其中某些领导者本身未能博得尊敬，“贝尔德症候群”会逐渐扩大。上行下效，此一由上往下的螺旋已经开始产生不良影响了。

BEYOND 第29章 CERTAINTY

别做筋疲力尽的富翁

你能走得多快？全世界走得最快的是日本都市人，接下来依次是美国人、英国人和意大利人，印度尼西亚人走得最慢。这项有趣的排名，取自一本重要的新书《淘金热之后》（*After the Gold Rush*），作者是兰斯理（Stewart Lansley）和森特（Henley Centre）。这本书所传递的信息很清楚：似乎生活步调越快，就越富有。

小心染上工作瘾

现代人走得更快，工作时间更长，更加奋斗，忍受更多压力，为的是更富有，有的人甚至只是为了求生存。比起20年前，美国人现在的全年工作时数，相当于每年多工作一个月，全年花在上班路上的时间增加了23个小时，度假日数减少三天半，但这些完全比不上日本。日本人一年比大多数欧洲人多工作400个小时（相当于多了10周），每年带薪假仅 7~9 天，日本人没有太多时间来消耗多余的财富。

难怪日本人发明了专有名词“过劳死”，专门用来形容因工作过量而导致的死亡。也难怪有半数日本人活在“过劳死”的恐惧中。即使在睡意较浓的英国，库珀教授（Cary Cooper）的调查也发现，半数的公司董事长及总裁的情绪压力与工时过长有关。至于平常上班族，在连续承受一段期间的压力之后，虽然还不至于因为“完全无法承受”而导致“过劳死”，但还是会陷入沮丧，或者无力应付的状态。去年，麻省理工学院所做的一项研究发现，工作岗位上的沮丧现象，竟花掉了美国 470 亿美元，相当于美国人花在治疗心脏病上的全部花费。两者不同的地方在于，心脏病的费用，是由病人及他们的保险单位来支付的，而沮丧的费用多半是无形的，而且必须由组织来负担。

我们对自己做了些什么？难道这一切都是新竞争力的一部分？无论是个人在公司里，还是公司在市场里，这些都是求生存所不得不做的事吗？或者，我们正为自己创造一种新的迷思、新的理想，认为筋疲力尽的经理人才是现代英雄？假如社会上最优秀、最聪明的一群人，除了本身及工作外，没有时间留给其他人或其他事物；或者，假如成功的代价，是必须完全投入工作，那么，上述这两条路中的任何一条，对社会都是不祥的征兆。

疲劳后遗症

有人怀疑，过了临界点之后，工作的绩效也会变差。即使没有成为沮丧症状的受害人，不管是对一个资深经理人还是一个新入行的医生来说，每周工作80小时都不可取。两者皆可能因为疲劳过度，而断错病情，开错处方。

疲劳行为会形成某种固定的长期病症，我所说的病症并非指经常眼睛红肿或哈欠连天，而是指他们会经常下令简化事情，以求能够顺利推动其进展，而为了推动事情，我们经常会把问题两极化——非黑即白，非对即错，没有灰色或中间地带。我们对人与状况容易形成刻板印象，硬把他们套进我们所熟悉的处理模式中。我们还会缩短时程，并将一切困难的决定留待来日再解决。疲倦的时候，我们也会多说少听，因为这样有助于保持清醒，我们会让情绪做主，把理智暂搁一旁，还会寻求酒精和其他的刺激。

对我们来说，这只是一种工作的战术运用，但是我们的组织、客户以及周遭的人，却得承受因我们工作简化而导致的意外后果。我们周遭的人会一个个开始向上级的工时看齐，经常还会模仿上级的行为，于是，每个人都染上了工作瘾。

一张一弛求稳定

我们的确需要适当的肾上腺激素。我们需要设定自己的截止时间、目标并且对自己施压，要求限期达成。就我个人来说，我若不设定这些期限，就会变得懒散，并且对自己产生怀疑。这又是一个平衡的问题。或者，更精确地说，是两个极端相互弥补的问题。假如有压力存在，便应该也有宁静的时间与场所来平衡，这也就是托夫勒（Alvin Toffler）

所称的“稳定地带”。假如某件事需要对准焦点，必须立即集中力量深入处理眼前的工作，那么，在事情结束之后，便应该有机会到外面散散心，看看工作本身以外的世界，会见对我们工作一无所知的人。当年，我每周工作 80 小时的那段时间，妻子曾告诉我：“我很高兴你在工作中表现得如此出色，可是我觉得，你已经变成一个最乏味的人了。”

假如我们没有时间享受自己的工作成果，或者当我们临终之时，只能印证圣经《传道书》(*Book of Ecclesiastes*) 上那位传道人的感伤之语：“且看我一生劳苦，都是虚空，都是捕风！”若果真如此，对我们一切的成就来说，可真是个悲哀的结局。

BEYOND CERTAINTY

第30章 工作生涯第二春的挑战

扁平式组织与零通货膨胀，似乎是当前企业界与政界追求的目标。

两者皆有值得称道之处。首先，一个机构如果有十来个组织层级，它存在的主要意义便似乎只在于分出尊卑高下，而不是提高工作效率；其次，假如能重回往昔币值一个世纪不变的时代，应该是件美事，但是，好事总会伴随着副作用而来。

一旦这两项愿望都达成，我们就必须重新考虑组织中所有的奖励与薪酬制度，而且这项工作也已经迫在眉睫了。

如果组织阶梯变得只剩下4级，就不再可能以每两三年升一级的方式来肯定表现优异的员工。而当通货膨胀率降到零时，也无须年年全面调薪。如果人们不再借买房子来逃避通货膨胀，而恢复租屋，那么，像低利率房屋贷款之类的优惠措施，便会失去意义。假如所得税因为被各种消费税所取代而持续下降，那么，

其他的减税优惠也会失去作用。

理论上，平坦的球场最好。可是，如果你善于利用旧场地的地势，也许一时之间会难以适应新的场地。因为这意味着你必须采取新的战术应对挑战。假如升迁、优惠、年度调薪不再像以前那么管用，组织如何来有效奖励努力与成就，提供诱因呢？

这也许是一种健康的挑战。在过去，我们会用调整职务的方式来肯定某人的成就。将来，我们却要鼓励他们留在原职，把相同的事做得更好。

组织扁平化之后

随着组织逐渐走向扁平化，“利润共享”（profit-sharing）以及“绩效相关薪酬”（performance-related pay）在企业界日渐风行。正常情况下，很快就会有人收到一套由 4 个部分组成的年度酬劳。这 4 个部分分别是：基本薪资、公司利润奖金、团体绩效奖金、个人绩效奖金。当然，后三项年年不同，而且不会成为次年基本薪资的一部分。因此，总酬劳若要高就必须提高生产力，而集体谈判行动将仅限于协商不同技术层级员工的基本薪资。为了降低这套酬劳制度的反复无常，某些企业会保证拿年度盈利的固定百分比，当做各种不同形式的“绩效相关奖励”（performance-related rewards）。

当然，这套制度还可以更灵活些。奖励的方式可以是放荣誉假，也可以是提供教育机会，或者举办旅游。不过，也许拥有选择的机会本身就已经是一种奖励。

留在原职把同样一件事做得更好，日久也许会觉得乏味。有位牙医朋友向我抱怨："过去40年，我一直在检查别人的嘴巴，现在我再也做不下去了。"那么，不妨模仿日本人所发展出来的一套"水平式快速调动法"。他们让最优秀的年轻人才，有机会更换所参与的项目计划，并转换专长项目。对高成就的人来说，新的团队与项目可以给他们带来新的挑战。所从事的项目可以越来越大，变成任务的升迁，而非职务的升迁。

结合"绩效相关奖励"与"任务升迁"之后，表现出色的人就有机会获得高人一等的奖励。但一个人的绩效表现，不见得可以永远持续不断地进步。组织必须考虑到一个事实：有人可能会被分派到不如以前重要的项目；总收入既可能增加，也可能减少；何况，一个人的工作表现并不是一成不变的，我们所能判断的顶多是他的新表现也许和他最近两三次工作的表现差不多。

追求工作生涯第二春

事实上，也许将来不会再有所谓的终身工作契约了；或者，至少无法假定有某个职务可以让人一直担任到退休。当前的真实情况是：只有少数人可以任职到退休年龄，因此，比较诚实且健康的做法，或许是仿效英国陆军签订可以延长也可以重新协商的定期契约。目前许多高级经理人已经采取这种聘任方式，这套做法或许应该向下扩大实施。

假如“可延长式定期契约”变成常态，将会促使更多人去思考并且计划所谓的“工作生涯第二春”。到时候，组织里的日子将只是人生旅程的一段，而不再占人生的绝大部分，也未必是最精华的一段。

如果运气好，加上管理得当，扁平式组织与零通货膨胀相结合，不仅将为我们每个人带来工作生涯第二春，也将使组织更开放、更诚实、更重视实质任务，不再那么计较形式上的尊卑。对于有能力的人来说，这将是个喜讯，但是对于想要在工作这班车上搭到底的“乘客”来说，恐怕是个坏消息。

一切为了您的阅读体验

我们出版的所有图书都将归于以下两个品牌

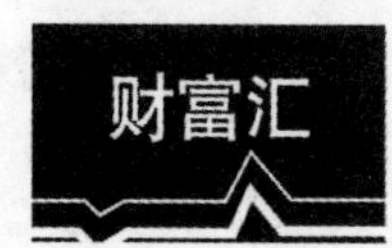

找“小红帽”

为了便于读者在浩如烟海的书架陈列中清楚地找到我们，我们在每本图书的书脊上部47mm处，全部用红色标记，称之为——小红帽。同时，“小红帽”上标注“湛庐文化”字样，小红帽下方标注所属图书品牌名称。湛庐文化主力打造两个品牌：**财富汇**，致力于为商界人士提供国内外优秀的经济管理类图书；**心视界**，旨在通过心理学大师、心灵导师的专业指导为读者提供改善生活和心境的通路。

找“湛庐文化”

我们所有出品的图书，在图书封底都有湛庐文化的标志和“湛庐文化”的字样。

用轻型纸

您现在正在阅读的这本书所使用的是轻型纸，有白度低、质感好、韧性好、油墨吸收度高等特点，价格比一般的纸更贵。

关注阅读体验

我们目前所使用的字体、字号和行距，是在经过大量调查研究的基础上确定的，符合读者阅读感受。每页设计的字数可以在阅读疲劳周期的低谷到来之前，使读者稍作停顿，减轻读者的阅读疲劳，舒适的阅读感觉油然而生。

所有的一切都为了给您更好的阅读体验，代表着我们“十年磨一剑”的专注精神。我们希望我们能够成为您事业与生活中的伙伴，帮助您成就事业，拥有更为美好的生活。

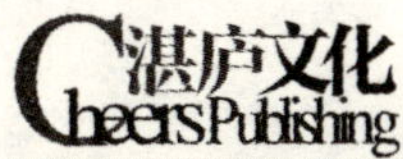

湛庐文化2008-2011年获奖书目

《牛奶可乐经济学》
国家图书馆"第四届文津奖"十本获奖图书之一，唯一获奖的商业类图书；
搜狐、《第一财经日报》"2008年十本最佳商业图书"。
用经济学的眼光看待生活和工作，体验作为"经济学家"的美妙之处。

《大而不倒》
英文版入围"《金融时报》·高盛2010年度最佳商业图书最终候选榜"，是美国《外交政策》杂志调查发现的全球思想家正在阅读的20本书之一，全球政要和首席执行官争相阅读。
"蓝狮子·新浪2010年度十大最佳商业图书"。
《智囊悦读》"2010年度十大最具价值经管图书"。
一部金融界的《2012》，一部丹·布朗式的鸿篇巨制。

《金融之王》
蓝狮子2011年度十大最佳商业图书，《第一财经日报》2011年度十大金融投资书籍。
权威透视国际金融界大佬在大萧条中的群像著作。
一部优美的人物传记，一部独特视角的经济金融史。

《富可敌国》
蓝狮子·《第一财经日报》2011年度最佳金融商业图书，《第一财经日报》2011年度十大金融投资书籍。
源自300个小时的真实访谈，一部权威的对冲基金史。

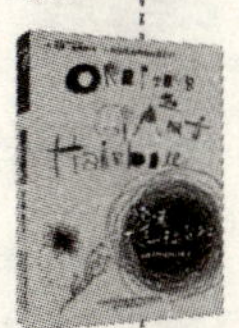

《绕着大毛球飞行》
蓝狮子·职场2011年度最佳职场图书。
畅销13年的职场创意手册，贺曼贺卡公司创意总监倾情之作。

《facebook效应》
英文版入围"《金融时报》·高盛2010年度最佳商业图书最终候选榜"。
"蓝狮子·新浪2010年度十大最佳商业图书"，《新智囊》2011年度最具价值的十大经管图书。
首度公开facebook非凡创业的26个细节，马克·扎克伯格及40多位facebook核心高管倾情讲述。

《稻盛和夫自传》
《稻盛和夫自传》"蓝狮子·新浪2010年度十大最佳商业图书"。
稻盛和夫亲笔撰写的唯一传记。
一代经营之圣的成长历程，一位商界智者的梦想之旅。

《真实的幸福》
《职场》"2010年度最具阅读价值的10本职场书籍"。
积极心理学之父马丁·塞利格曼扛鼎之作，哈佛最吸引人、最受欢迎的幸福课。

希腊三部曲：《追逐阳光之岛》、《桃金娘森林宝藏》、《众神的花园》
新闻出版总署"第六次（2009年）向全国青少年推荐百种优秀图书"之一。
"希腊三部曲"仿佛艾丽斯仙境与伊甸园，充满好闻的味道、缤纷的颜色、可口的食物、柔软的触感、奇怪有趣的人物和无尽的爱、学习与玩乐。

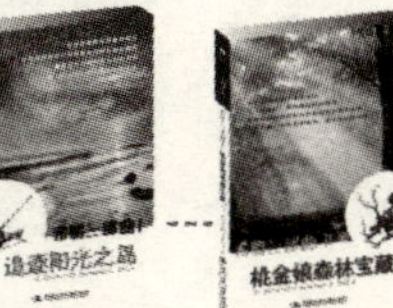

延伸阅读

《大象与跳蚤》

◎ 庞大的企业就像是笨重的大象，自由独立的个体则是灵活的跳蚤

◎ 未来的世界将是跳蚤的世界

《思想者》

◎ 查尔斯 · 汉迪自传，从一个爱尔兰男孩到管理学大师的成长史

◎ 真正的管理之道，大多来自真实的生活，而非学习课程

《非理性的时代》

◎ 那些在组织中工作的人们，需要一些颠覆性思考，非理性以及革命性的思维

◎ 深度解析“三叶草组织”“3I 组织”“联邦制组织”等概念

《空雨衣》

◎ 组织中的个人，有变成失去个性的“空雨衣”的危险

◎ 在追求效率与增长的同时，对社会公平与正义、环境与文明共存共荣的思考

《饥饿的灵魂》

◎ 作者指出了我们社会所面临的困境：对于衣食无忧的人来说，人生究竟意味着什么

◎ 在本书中，作者分析了资本主义的局限性，指出了资本主义的未来何在

图书在版编目（CIP）数据

超越确定性 /（英）汉迪著；周旭华译．—杭州：浙江人民出版社，2012.4

ISBN 978-7-213-04826-5

Ⅰ.①超… Ⅱ.①汉…②周… Ⅲ.①企业管理：组织管理—文集 Ⅳ.①F272.9-53

中国版本图书馆 CIP 数据核字（2012）第 018963 号

浙江省版权局
著作权合同登记章
图字：11-2012-1 号

超越确定性

作　　者：[英] 查尔斯·汉迪　著
译　　者：周旭华　译
出版发行：浙江人民出版社（杭州体育场路347号　邮编　310006）
市场部电话：（0571）85061682　85176516
集团网址：浙江出版联合集团　http://www.zjcb.com
责任编辑：金　纪　蔡玲平
责任校对：张彦能
印　　刷：北京京北印刷有限公司
开　　本：170 mm × 230 mm　1/16　　印　　张：13.75
字　　数：14 万　　插　　页：2
版　　次：2012 年 4 月第 1 版　　印　　次：2012 年 4 月第 1 次印刷
书　　号：ISBN 978-7-213-04826-5
定　　价：42.00 元

湛（zhàn）**卢**（lú）

铸剑大师欧冶子『十年磨一剑』，炼就了『天下第一剑』湛卢剑。

——《吴越春秋》记载